加州晶味

洋家媳婦美食總編的食尚記事

聶崇彬　著

「安居豔陽明媚的美西海岸，傾心美國本土食文化，放眼多元薈萃的各國美食，以獨特的視角，明察暗訪星條旗下的飲食文明。特立獨行的北美食尚華文雜誌總編／女作家；愛好美味饕餮與美國風情的美食大記者，以敏銳的味蕾、細膩的筆觸、幽默的風格、調侃的態度，書寫酸甜苦辣鮮的美國品味！身為洋人家的媳婦，盡職盡責相夫教子之餘，會告訴你：加州的陽光最貴！」

目次
CONTENTS

堅持美食理念的人們·105

真正的美國飲食文化

　　飲食文化，關乎傳統、歷史、習慣。美國人飲食文明，表現在不新鮮的東西不吃，什麼時候吃什麼、如何吃、怎麼吃，絕不馬虎

　　美國人的美食品味和他的寬容一樣，廣納其他民族，來者不拒。但美國人的本事，在於同化了其他民族食物，他們不在乎名稱，只要滿足自己的味覺

食尚先鋒的柏克萊Berkeley

對柏克萊我有一種特殊的感情，可以說我對美國有興趣，就是從很多年前在香港讀著名作家陳若曦寫的《柏克萊傳真》開始的，以致那次在海外女作家協會的年會上碰到她時，我還直嚷嚷：「若曦姐，知道嗎，是你把我引來了美國。」

大家都知道柏克萊，世界著名學府的所在地、嬉皮的文化傳統、濃郁的政治色彩、活躍的學術風氣。不過在今天，當我的一個好友，致力出版業的徐君移民到埠，我們要談可是民生，在Berkeley如何住、怎樣吃。

我特意請出半隱居的才子范君為這次的導遊，范君居住Berkeley有十個年頭，我也是從他的畫作和文章裡面見識了柏克萊的風情萬種，精緻美食，這次請他出馬，長驅直入Berkeley，只取精髓。

范君帶我們去到的第一站是農夫市場Monetary Market，只見他帶著「他那種品牌式的憂鬱」，（嚴歌苓語）對徐君解釋說：「這是她規定要去的地方。」那是，你能想像接待一個遠方來的貴賓，首先卻把他帶到小菜場的那種壓力。我很佩服嚴歌苓形容范君的準確性，我也不否認在前一個晚上，我給范君一串名單，上面列明瞭一些能表現Berkeley食尚先鋒的地點名稱，讓他順路安排一下訪問，我快要完成的美國美食隨筆集，如果缺少這些寶貴的資訊，出現在碎紙機的機遇肯定超過出版的。

說到美國的食尚，不得不提到Alice Waters，這位著名的美國飲食革命的先鋒，四〇年來不余遺力地大力提倡使用本地出品的季節性新鮮有機的食材，Monetary Market就因品種的豐富和特別而得到大廚們青睞而出名。那天我們在那裡所見，農產品的範圍和品種都要超出超過其他同類行的市場，例如藍莓在那裡的品種多達數十種，連我以前崇拜過的舊金山有名的渡船農夫市場，也沒有這樣齊全的貨品，況且這兒每天營業。

Waters自己的餐廳Chez Panisse，無論是海鮮、家禽還是蔬菜，全部採購於本地的農夫市場、農場和魚場。在一九六七年開張的Chez Panisse，早已經近入了全世界最好的前五十名餐廳之列，當然也在世界權威雜誌米其林名單之上。而本身在法國學過廚藝的得過大獎的Waters，藉此發展，並著書推廣了自成一系的加州菜（California Cuisine），在上世紀的八十年代，全美範圍內掀起了新美國菜（New American Cuisine）的食尚，就是效仿加州菜，以法國清淡菜式為主，加入地中海、亞洲和拉丁

Alice Waters

美州等國家菜式的元素，標榜精緻健康口味多樣化，成為美國高級品味菜式的象徵。畢業於柏克萊大學Waters，為了更好地灌輸自己的「美食法」概念，她決心從下一代做起。一九九六年，她在柏克萊一家中學的後院，開闢了連接廚房「一畝自留地」，免費提供新鮮食物給孩子們當午餐，堅決抵制傳統的垃圾速食食物，那就是今天全美著名的，名為Edible Schoolyard的公共學校健康飲食教育專案。柏克萊真是一個健康美食的城市，在這個城市裡，看不到麥當勞、肯德基的那些速食店的影子。目前，Waters女士是有著一百三十個國家一百萬成員的非牟利世界慢食組織的副總裁。慢食，是當代飲食時尚的先鋒。

中午時分，我們在著名的美食街Gourmet Ghetto朝拜了Chez Panisse，不顯眼的建築，更沒有明顯的招牌，容易忽略的門口，只是像普通住家的門樓，外牆上貼這的那張一星期的菜單，就是普通印表機大出來的，白紙黑字清楚的列明每日供應的套餐沒有挑選，那天的是鮮蝦餛飩、鴨胸肉配沙拉湯等五道菜式，惠承九十五美金，還未算飲料酒類百分之十七的小費。

我們來到對馬路的Cheese Board品嘗有機蔬食的批薩，Cheese Board是一家芝士專賣店，裡面庫存的全球出名芝士有三百多種，可以試吃。Cheese Board供應的批薩，也是沒有可以選擇的，每天一款，二十美元一個，卻因美味健康而大受歡迎，排隊到街上。范君為了盡地主之宜，又是排隊又是付錢。我並沒有因為身型小於兩位男士而少吃。好吃，底薄兼脆，口味多重，享受美食的同時，還有現場三人樂隊伴奏，氣氛一流。由此，我想到一個問題，我們的中餐館，那家不涵蓋中華八大菜系的菜式且價錢低廉，但還是生意難做，這是否跟他們缺乏專業的信心有關？所謂專業信心，不是去

揣測顧客的口味，不和供應的種類價錢搭價，而是拿出你認為是最好的，最有特色的，教育顧客去吃。

　　說到飲食先鋒，Peet's Coffee&Tea要算一個，在Gourmet Ghetto這條美食街有兩家，全市有六家Peet's Coffee&Tea的分店，可能不住在美國的人對這個名字很陌生，但沒有它就不可能會有在全球聞名的，四十九個國家裡開了一萬六千一百二十家分店的星巴克Starbucks。故事是這樣的：被大家公認叫做「特色咖啡祖父」的Peet，從小就隨著咖啡生意的環境中長大。一九六六年，他在離柏克萊大學很近的地方開了第一家咖啡店，用自己特殊的方法烘培新鮮咖啡豆，他製作的咖啡以黑濃著稱，我的好多朋友去哪兒買咖啡，都要預先說明加水。星巴克的三位創始人，就是從Peet哪兒學到了烘培技術和開店的意念，一九七一年第一家星巴克在西雅圖誕生。雖然Peet的發展遠遠不及星巴克，迄今只有二百家左右，也沒有衝出美國，但是，Peet的烘培技術是這個世界上獨一無二的。

　　說到住，諾曼第村落，赫斯科公園，那不勒斯莊園，是范君帶我們去視察的住宅區的名稱，聽這名字，想像出的畫面絕對和美國沒有關係。是的，親眼所見全部是法、義、德情調的別緻建築和浪漫氛圍，到處可以找到莫納筆下的景致，以至當我爬到也算是柏克萊一景的印地安巨石頂上時，它的出名處在於這是一個完整單一的巨石山坡，對著一覽眼底的舊金山和金門橋，我忘乎所以的揮手大叫：「新世界，你好。」

☑ 美食筆記本

Chez Panisse
1517 Shattuck Ave, Berkeley, CA 94709
（510）548-5525

Cheese Board
1512 Shattuck Ave, Berkeley, CA 94709
（510）549-3055

Peets Coffee & Tea
2015 Shattuck Ave, Berkeley, CA
（510）225-0451
2257 Shattuck Ave, Berkeley, CA
（510）225-0310

蘋果派的美國故事

什麼食物最能代表美國？熱狗？三文治？還是漢堡包？以上三種都是，但不及蘋果餡餅（apple pie，也可以稱蘋果派）那樣有代表性，美國慣用語有這樣的說法："As American as apple pie."（美國的蘋果派）意思是蘋果派代表了美國傳統。Apple pie

■ 美國蘋果派

是一種用烤箱製作的甜點心，它的外面是一層麵粉，裡面是用蘋果做的餡兒。美國的主婦都會做這一甜點，據說，以前的美國婦女習慣在星期一做七個蘋果餡餅，每天吃一個，所以又有了apple-pie order之說，是整齊、井然有序的意思。可以翻譯成有條不紊，但關於apple-pie order的來源還有另一種說法，歐洲的蘋果派，並不是把蘋果切成丁，放在兩層面皮的中間做餡，而是切成均匀的薄片，整整齊齊的疊放在面皮之上，排列的錯落有至，所以有了apple-pie order之說。

還有一個感人的故事關於蘋果派的，第二次世界大戰時，戰地記者訪問前線的美國士兵，你們為什麼要去打仗？回答的士兵滿含眼淚，深情地說："For my mom and apple pie."（為了母親和蘋果派）。有人說，從那時候起蘋果派就成了美國的象徵。其實不然，

有關蘋果派的最早紀錄並不在美國，而是在一三八一年代的英國，由此肯定，蘋果派是隨著清教徒一起移民來到新大陸的。

認識蘋果派是在香港的麥當勞，當我第一次咬開金黃外層，熱辣清香的新鮮蘋果，隨著肉桂汁進入口中，我就愛上了它。移民美國後，嘗試過各種用水果作成的派，例如南瓜派，草梅派等等，但我的最愛還是蘋果派。蘋果派在美國屬於既是陽春又是白雪的甜點，高級的餅店和普通的超級市場，到處都有它的一席地位。而如今，隨著代表著美國式的生活方式麥當勞餐廳（McDonald's Corporation）在全世界多達三萬間分店時，蘋果派更是成了最有代表性的美國傳統食物被世界所認識，而所有的蘋果派中，如果熱吃，我最愛的還是麥當勞餐廳蘋果派。

Denny's早餐和後院燒烤

　　如果沒有爆米花和大杯可樂，美國人寧可不看電影。這好像吃炸薯條沒有番茄醬那樣不協調，吃螃蟹沒有熱牛油那樣不可思議

　　第一次在吃正宗的美國早餐是在紐約，朋友說要帶我去領略美國的早餐文化，又便宜又可以瞭解到飲食文。初春晨早的紐約還冷風颼颼的，但是早餐店已經坐無虛席，熱氣騰騰，香味撲鼻，歡聲

▌美國最大的早餐連鎖店

笑語的，那時，初到貴境的我，真被大大的美國早餐分量嚇倒了，我居住香港時早餐一蛋、麵包，最多加一個香腸、一杯咖啡，已經不得啦，這兒一份早餐的份量，相當是我們的三、四倍，吃過六、七元的早餐，多數還吃不完。我很喜歡美國的早餐文化，休閒得來又帶點隆重，食物豐盛，氣氛輕鬆。雖然美國的早餐店是二十四小時服務，但多數是在在早晨六點到下午五點，顧客最多，早午餐時間通常還要排隊等候。我也試過晚上去吃，和其他的餐廳沒有什麼不同，只是供應的還是早餐食物。

Denny's和IHOP都是愛去的早餐店，這兩家都是全國性的連鎖餐店。飲料除了咖啡，還有牛奶和各式的果汁，火腿香腸，各類不同做法的雞蛋，我最喜歡的是Omelets（歐姆蛋），用雞蛋大大地攤成蛋餅，然後放入各類的餡料，多種款式供應。洋人通常選擇簡單火腿、香腸搭配不同的麵包土司、鬆餅（muffin）、薄煎餅（pancake）和貝果（beiger）。嫁給洋人後，才瞭解到正統的美國早餐是老美食文化的一種，是他們生活的一部分。先生工傷後，收入大減，他最在意的是不能像以前那樣經常出去吃早餐，也不能經常出去看電影了。在美國，看場電影並不貴，往往一大包爆米花和大杯可樂的價錢要超過電影票價多得多。不過如果沒有爆米花和大杯可樂，美國人寧可不看電影。這好像吃炸薯條沒有番茄醬那樣不協調，吃螃蟹沒有熱牛油那樣不可思議。

如果從普遍性和重視性說，在美國，後院的燒烤（barbecue，通常簡寫為BBQ，這個詞源自西班牙文的boucan，原指加勒比海地區一種古老的烹飪方式：用青木做架子，把食物放在架子上，下面再生火烤。）是最有代表性的美國食文化。幾乎每個美國家庭，都自備野外燒烤爐（烤肉架grill或是烤肉車smoker），好多人索性在

自己後院建一個燒烤露天廚房，燒烤聚會是美國人在週末和其他公休日最常見的社交聚會，也是孩子們最樂意參加的家庭日活動。即便是沒有自己私有的後院，人們也會去公園和其他公共場所的的燒烤場所去聚會。有一段時間，我們家住在社區裡，我們也在游泳池邊為孩子舉行燒烤，一邊玩水，一邊吃烤肉，笑聲和水花聲共鳴一起。

當時美國兩黨的總統選舉正進行的如火如荼，美聯社以「邀請哪以位候選人來參加燒烤」為題的民意測試，雖然麥凱恩個人愛好烤肉，但過半美國人更願意邀奧巴馬參加戶外燒烤聚餐，之後歐巴馬果然當選為總統。

每年十月，堪稱世界上最大的美國燒烤冠軍賽就會在美國德州舉行，來自全美的燒烤能手攜帶著各式的烤爐和各種調料秘方聚集堪薩斯，參賽隊伍有五、六百之多，比賽的裁判也多達九百多位，還有大型的音樂會和煙火表演助興。冠軍的獎額超過一萬美元。

要想真正領略美國食文化，莫過於在七月四日獨立日，美國的國慶，去美國人家裡，看煙火、吃烤肉、喝啤酒。燒烤時醃製入味的各類肉食，散發出來的香氣任由裊裊的煙霧帶到四方，是我最難抵抗的誘惑了。

農夫市場現炒乾煸四季豆

星期六起了個大早，因為約好了朋友去舊金山的渡輪廣場的農夫市場（Ferry Plaza Farmers Market）。灣區各市鎮都有農夫市場，為什麼我們還要捨近求遠開車從南灣來到舊金山？原因有二，一是那邊的供應的早餐，品種繁多；二是在全灣區只有這一家請廚師現場教做菜，食材就是取自於市場，那天的大廚，是著名的烹飪家，89歲高齡的江孫芸（Cecilia Chiang）女士。

還以為自己很早，其實那邊早已經是人頭湧湧了。雖然那天的天色差強人意，灰濛濛，霧沉沉，不過當人們的視線被琳瑯滿目、色彩繽紛的蔬菜花果攤位所吸引，嗅覺被香味撲鼻的各式食物所引誘時，天色再差也影響不了我們的興致。

每個食物攤位前隊伍都很長，轉了一圈之後，決定來一個番茄三文魚早餐，當然特別之處是這兩樣都是有機的。早餐是不可能沒有咖啡的。沒想到，在這個農夫市場裡，居然有現煮的小杯特色咖啡供應。捧著熱騰騰的咖啡，端著秀色可餐早點，已經找不到可坐的凳椅，於是，索性坐在江邊的石階上享受著美食，邊眺望霧中的金門大橋，倒是別有一番情趣。

渡輪廣場的農夫市場的開始形成，起源於一九九二年的一次活動，因大受歡迎，於第二年的五月開始了全年週期性營業，每星期兩次，每逢星期二和星期六，所有在這兒設攤的農場，都是得到政

府的證書的，所以這兒出售的農產品是可以讓人放心採購，因為是在政府的監管之下。我喜歡逛農夫市場，不光是為了食材的新鮮，還可以嘗新，例如那天，就嘗試了不同種類的李子，當然和攤主進行直接的交流，瞭解食材的特色及生長過程，得到好多書本上找不到的知識呢。據資料統計，來渡輪廣場的農夫市場採購的人非常多，尤其是星期六，人流超過一萬到一萬五千人，看來有許多人有著和我同樣的想法。

十一點了，江太太表演烹調的場所，已座無虛席，大家都等著她教如何烹調乾煸四季豆，熟悉她的人都知道，她的英文自傳暢銷書《Seventh Daughter：My Culinary Journey from Beijing to San Francisco》（孫家七小姐：從北京到舊金山，我的烹飪之旅），被紐約時報評選為二〇〇七年度最佳食譜之一。柏克萊加州大學製作的加州傑出酒類與餐飲的光碟片，她是唯一獲選的華裔。

老人家拿出從市場裡剛買來的四季豆撕去筋，把調料和配料全部安排好，等到顧客們都坐下，江太太不慌不忙用英語一邊講解一邊示範。

▌江太太一絲不苟地工作著

▌燒好的乾煸四季豆分在小杯裡給顧客嘗

乾煸是相當普遍一種烹調方法，是先將食材用油輕炸，再用慢火將材料加入調味料翻炒，目的是把食材裡的水份逼出，炒的時間愈長，材料裡的水份就愈少，調味料均勻分布在食材上，讓食物變得酥軟，乾香入味。菜出鍋了，市場的工作人員把四季豆裝進小紙杯分給看得入神的顧客們，大家吃得不住的點頭。我也嘗了嘗，果然，完全沒有了豆腥氣，四季豆清甜又吸收了多種調味品的鮮味，香味異常。慢慢嚼著，腴香留長，真是一道名菜！

　　這真是一個美食之旅的早晨，還未盡興，手裡已經大袋小袋地沒有空閒的餘地了，但還是不死心，買了一把最喜歡的太陽花，比超市價錢便宜一半呢！

狂歡的美食街

　　記得初次踏足Santana Row時的興奮和震撼。那是一個迷人的傍晚，夕陽還在天邊，釋放出五彩的煙霧和雲朵玩絢麗多彩的化裝舞會。Santana Row的街上，各式國際美食餐廳露天部分，座無虛席，朋友家人在舉杯共飲。走過，會情不自禁地隨著香氣，去窺視在路邊跳動的燭光下成了藝術品的美食，盤盤碟碟都透著誘人的滋味。

▌這條街有許多世界各地的美食

挽手同臂把遊的情侶，出入著街兩旁的名店，興奮的臉蛋輝映著晚霞。天上地下是一整個舞臺。街中央已經開始了的音樂表演，更把這出色香味俱全的舞會帶至完美。

雖然就在Santana Row附近居住，但也不是每星期必至，僅有的數次造訪，都和家人、友人同往，留下的印象極深。在寫此文前，突發奇想，為何不單獨前往，細細品味，一定不同平常的收穫。

Santana Row是一個集高級公寓住宅，品牌名店，國際食肆這樣一個高檔休閒玩樂消費的露天場所，幾條街那麼大。街的兩旁都是高層的建築，當然說是高層，只是針對美國多數有的獨立洋房而言，如在香港和其他大都市，這些三、五層的樓宇絕對不會用高大上字眼來形容。我喜歡Santana Row那方方正正的建築，外加的窗檻和玲瓏的陽台就好像一件正式的外套上別具心思的袋口，給莊重高雅的樓房平添了幾分靈氣。

我聚精會神地把眼睛貼在相機上，一個保安老大爺出現在我的鏡頭裡，我正詫異他的兩撇大鬍子和鏡頭裡的建築那麼匹配，給了我強烈的身處歐洲的感覺，他已經禮貌地開口查詢：「請問，你為什麼要拍那些建築物？」我答「沒什麼，只是我很喜歡那些建築的款式。」他同意地點了點頭。接著告訴我這裡的規矩，不能拍建築底層的商店招牌，其他的可盡量隨意。他又證實了我的好奇，在七〇年代，這兒剛開發，當成片的建築物即將落成的時候，一場無情的大火，把一切都吞噬了。大爺驕傲地說：「多神奇的地方，居家可以和商業共存在一塊土地上。」我有點驚異他所說的，細想卻沒錯，尤其對在矽谷的美國人來說。

一人慢走在Santana Row，果然品味到五月是那麼多美麗。陽光顯得嫵媚，微風把滿街的花香大方地送上，讓你嗅吻。

光是街上綠意蔥蔥，鮮花簇錦的苗埔設計管理，足夠寫一長篇優美的散文，怕是怕會被那五彩繽紛的花精靈擾亂了思緒。看我，只顧坐在街頭的長凳上犯傻。

　　記得那次，和另外兩位好友在Lisa's Tea Treasures享用了一頓英倫風情的皇室下午茶。那天好像回到了少女時代，把玩著精緻的茶具，互相打扮，我當場買下了一件綠色厘花小背心，穿戴著留影，把快樂的一刻留住。另一次，我們在Left Bank Brasserie敘舊，接待了經常往返於洛杉磯和北京的華裔女導演劉怡明，她導演的著名電影《女湯》說的是四友人常相聚泡茶或結伴泡溫泉。洗溫泉時四人裸身相對，也放開虛偽的包裝，坦率交換……而我們卻上演了一場《女湯》美食版：在充滿浪漫情調的Santana Row，享受法國餐，握酒暢談。

　　遠處，孩子們的嬉戲聲，終於使我再次挪動腳步，原來街中心不僅有歐洲風味的噴水池，還有對孩子們來說是巨大的可移動的象棋，棋盤就是腳下的街磚。雖說Santana Row是高檔時尚之地，但我更喜歡買一杯雪糕，捧一杯咖啡，坐在那樹蔭下、花叢旁，享受人生眼下悠閒的一刻，無論何時，次次感受不同，這就是Santana Row魅力無限的地方。

Potluck

　　Potluck，可以解釋為家常便飯，區別於正式的家宴。在美國更是指大家到某一個場地，居家或野外聚餐，受到邀請的每位或每家者都必須帶同食物前往，然後大家一起分享。Potluck這個字，起源於英國，遠於一五九二年就被引用了。

　　把Potluck拆開，按字面解釋是兩個完整的意思，"Pot"是裝食物的罐子，"luck"就是幸運的意思。意思是有錢人按照自己的意願挑選食物，而窮人有一罐用吃剩的食物煮成的大雜燴，已經是很幸運的事了。在英國，這個字眼多數用在小客棧，想像一下，經過了跋山涉水的長途旅行之後，在小客棧暖暖的、香香的廚房裡，發現了一罐美味的食物，吃在肚子裡，暖在心裡，這時你會感到從

▋ 每次聚餐大家都帶自己的拿手菜

未有過的安全和欣慰。Potluck，有吃就幸運，這和中國人所說的，民以食為天有異曲同工之處。

在沒有移民美國前，我已經知道有這種聚會的模式。雖然自己請客，我還熱衷於小時候的一套，非常傳統的，就是作為女主人的我，是不會上餐桌的。按照上海人請客的習慣，先有冷盤，後有熱炒，最後還有大沙鍋的熱湯和甜點。除了冷盤，其他的都要現炒現熱，所以是沒有時間上餐桌的。但自從那年手術後我在上海，在當時還屬於偏遠西郊買了新居後，我的堂哥、表姐們帶著食物前來看我，那時我是第一次有了聚餐這個概念的真正涵義。

我是非常喜歡這個形式，所以在到了美國之後的寫作中，我一定不會漏掉這樣的細節，下面一段是我的《行走美國》一書中，描寫我在紐約州的克林頓居住的小鎮上，在我堂哥家的一次Potluck經歷：

> 那個星期日的晚上，我們一起去參加了他們鄰里間一個聚會。美國人開party很隨意的，也不會太過麻煩主人家，通常是參加的人都會帶一兩個小菜去，在去之前，大家通個氣，免得重複了。

在美國的中國人也學會了這種文化飲食流通法，中國人豐富多采的飲食文化，加上每一家自有的特色，總能把這種聚餐似的party搞得更有聲有色。

我們到達主人家的時候，大部分賓客已經到了，只見人們自動形成三個部分，男人們在露台上圍成一圈，侃侃而談；下一代都躲在樓上玩遊戲，而我們女人們理所當然地在客廳裡邊布置餐桌，邊喋喋不休。

在全世界各地謀生的中國父母都一樣，永遠的話題就是兒女教育。只見大家熱烈地討論著學校的排名，暑期孩子的安排，和打工的前景。

　　我插不上嘴，眼睛直盯著桌上那些看著都會流口水的菜肴。這時候，如果不看窗外的景色，你絲毫不會覺得身處國外，而是感到正在國內享受節慶假日呢。

　　酒足飯飽後，我由衷地讚揚堂嫂秋晨能幹，認識了那麼多鄰里，我從未曾想到會在美國的一個普通的聚餐會上，能吃到大江南北不同風味的美味佳餚。秋晨樂了，說：「還不是中文學校所賜！」

　　中文學校在美國是一個很特別的組織。最初是為了讓孩子們有個學中文地地方，可家長們的投入熱情往往比孩子們多幾十倍，在中文學校，也有著給自己準備的活動。中文學校對家長們來說，是一個分享鄉情的一個地方。甚至到了孩子們長大，離開了家，家長們已經成了很好的朋友。

　　其實，這種隨意的聚餐形式，也可以用在不尋常的場合，例如婚禮，例如葬禮。

　　先生的一位親戚去世了，得了沒藥可醫的腦癌，從診斷出來到去世，只有短短的幾個月。這位美國老太太非常冷靜地為自己安排了後事，要求兒子把自己的骨灰撒向湖泊，和自己的先夫一起與大自然永存。

　　至於自己的葬禮，她非常有創意，她留下了遺囑，吩咐兒子為自己舉行一個盛大的舞會，而不是辦一個隆重的葬禮，她留下了一大筆錢，讓人們熱烈地慶祝她豐盛無悔的一生。

　　舞會辦得非常成功，大家狂喝啤酒，唱歌跳舞，會場上擺滿了

老太太一生的照片，人們回憶她在世時的一切，充滿了歡愉美好，當然也有一些感性的人流下了眼淚，那是他們慶幸曾經有過這樣一位好朋友。

是的，死亡是每個人都要面對的，即便死亡可以把你從生帶走，但卻無法抹去留在人們腦海裡永遠的記憶。所以，那位老太太是非常聰明的，葬禮變成舞會，把自己最後的樂觀態度留給每一個親友。

直到我先生的大姐夫過世，我才明白為什麼他沒有深色的衣服，因為不需要，即使是參加葬禮。那次從舊金山到雷諾，一小時還不到的行程，航空公司居然把我的小行李弄丟了！裡面有我第二天一早去參加先生大姐夫葬禮要穿的黑色套裝！只能連夜去買了，但沒有合適的黑外套，小姑說，就穿你身上的粉色外套吧。我疑惑地問：「你肯定？」她堅決地點了點頭說：「大姐夫喜歡彩色，喜歡熱鬧。」

大姐夫的追思儀式設在社區的禮堂裡，時間從早上的十點到下午四點。當我們到的時候，夫家家族的人都陸陸續續到了。果然看見各人穿著雖然正規，但色彩豐富，尤其是小孩子，穿著就像去參加喜慶活動。禮堂裡整齊地放著十幾張長桌子，每張桌子起碼可以坐八個人，來的都是從美國各地趕來的家裡人。每張桌子上都鋪著藍色的桌布，中央一律放著插有兩朵鬱金香的花瓶，花朵一白一紅。據說那是大姐夫生前最愛的顏色。桌子上還放著紅色心型的蠟燭。在禮堂的一頭，有一個小講台，旁邊是一套音響設備，禮堂另一頭，是一排長長的桌子，桌子上放了一盆盆來自大姐夫花園自種的鮮花，鮮花後的牆上，貼滿了大姐夫一生各個時期的生活照片。禮堂兩邊的長桌上放滿了各家帶來的各式食物，在禮堂外的酒吧台

上，則放滿了琳瑯滿目的酒水。

十點，大姐打開了擴音器，簡單致詞，大意是歡迎大家和大姐夫共度最後的聚會，就照以前的規矩，先吃喝玩樂吧！此時，歡樂的音樂響起，大人們忙著寒暄談天，小孩子們忙不迭地嬉戲打鬧，而餐桌前，早已排起了取食物的長龍。正午十二點，牧師來了！這時桌子早已收拾乾淨，桌上的小蠟燭都點亮了，大廳的燈暗了下來。牧師以濃厚響亮的聲音講述大姐夫的生平逸事、趣聞，大家不時地爆發出陣陣笑聲。

大姐夫和我先生一家的關係並非普通的姻親，當年夫家全家從德國走難出來，歷經千辛萬苦，輾轉多國，結果在雷諾定居下來，一住就是四十多年。那年，大姐夫剛從軍隊退伍回來，在雷諾買了大量的土地，不僅辦了自己的馬場，還積極規劃街道蓋樓，這就是為什麼我先生家的兄弟姐妹及一些後代都住在一條街上的原因。聽他們幾個兄弟姐妹說，當年他們還是孩子，一看見那個也有德裔血統的大哥哥把他們幾個小不點抱上馬背在自己的馬場上馳騁的時候，他們就知道，終於找到自己的家了。

大姐夫和大姐共生了四個孩子，大姐夫是一個心靈手巧的人，他自己蓋樓和裝修，終身從事地產事業，後來不幸得了帕金森病，幾個月前檢查出肺癌晚期，他拒絕接受治療，因為很多年前他已經坐輪椅了。他早就說，這不是自己要的生活，受夠了！

去年感恩節聚餐的時候，我正好捕捉到一張大姐夫和他首個曾孫的合影：一個非常可愛、1歲還不到的金髮寶寶把玩他的牛仔帽，一老一小四目相對而笑。這張照片今天也放大了貼在禮堂的牆上。接著大姐夫的女兒、妻妹、好朋友都上台講了他在他們心目中是怎樣一個人。大姐夫過世的時候，我先生和姐妹們就在他身旁，

還幫他闔上了眼睛，叮囑他到了天堂，不要忘了代為問候父母。

大姐再次宣布吃喝玩樂繼續，並囑咐大家可以隨意拿取牆上的照片和桌上的飾物和鮮花，每位賓客臨走，都會得到大姐夫的兩粒鬱金香花的種子。燈光大亮，音樂再起，孩子們歡天喜地圍成圈跳起舞來。這一百多人的家族聚會，孩子們占了很大比例，大哥說道，葬禮是全家人聚齊的時候，他停了一下又說：「說不定人就為這而死！一代接一代，生命周而復始，如此說來，葬禮應該是彩色的！」

人們說生命是無奈的，生死由天，其實對了一半，我們雖然不能把握生死，我們卻能掌握生死的意義，同樣每個人都要在生活舞台上走一次，為什麼不能輕鬆從容、面帶微笑地在舞台上謝幕呢？這時，我會想，也許有一天，我也會選擇這樣快樂的葬禮吧！因為快樂是人生旅途中的一種態度。

小鎮美食特色

移民美國後，總想對這個國家的歷史有所瞭解，但又反感於歷史的枯燥，即便是只有短短的兩百多年時間，我也不願意委屈自己。所以我想出一個好辦法，藉遊覽觀光的時候，瞭解該地的歷史，不僅容易記住，還平添了對該地的情感。後來索性把自己對每一處的體會寫在自己旅遊專欄裡，和大家分享。自那以後每到一地，必先找當地的名勝古跡，當然也不會放過美食，在這裡，挑幾個非常有特色的小鎮說說。

大蒜小鎮Gilroy

大蒜小鎮是位於舊金山灣最南邊的Gilroy的昵稱，在老鎮上的一幅壁畫上輕而易舉的可以看到為什麼這個稱呼的起源，"Garlic Capital of the World"原來Gilroy是世界大蒜之都！Gilroy不僅出產大蒜，產量是世界數一數二的，大蒜製品絕對是引領世界的。

可是知道嗎，在Gilroy以大蒜聞名之前，還有一個稱號，叫做「煙葉之都」，那還是一八七〇年代的事。Gilroy開始正式發展是在一八五〇年，是在接受了第一個當地美國人家庭定居後的六年之後，而正式使用Gilroy這個名字，卻是在一八六七年，為了紀念John Gilroy，這位18歲的加州先鋒，他是在一八一三年從蘇格蘭遠

大蒜節，小鎮上人頭湧湧

洋船留下來的英國人。

　　他雖然會說流利的英語和西班牙文，但由於他有濃重的英國口音，當地很少的人能完全聽得懂他的話，儘管如此，他在一八二一年還是娶了當地一位農場主的聰明美麗的西班牙女孩為妻子，從此成了第一位講英式英語的永久居民，比那第一入住的美國家庭還早了二十多年呢，後來他成了一位建築師，還是位肥皂生產商。

　　老鎮地方很小，好像只有一條街，當我無意中發現對面街有一家咖啡店時，立刻把尋找歷史的使命退去了腦後，誰讓民以食為天呢？

　　號稱大蒜城的咖啡店（Garlic City Cafe），是非常有特色的店鋪，雖然功能表上很多的大蒜食譜很吸引人，也符合當前的環境，只是剛填飽肚子，所以我的相機鏡頭從食譜移到店堂，即而被吸引了，怎麼也不肯挪開，急得同去的夥伴大叫：我已經知道有一家店

什麼都有！喔，什麼都有，擊中女人喜歡瞎拼（shopping）的要害。

果然我們踏入The Nimble Thimble店裡，那裡從吃的到用的，看的玩的，全和大蒜有關，尤其是那一櫃子老闆的收藏品，來自義大利器皿，看得我如醉如癡。在那兒還發現了兩樣足以證明大蒜鎮當今地位的東西，一樣是大蒜模型的證書，Gilroy和大蒜生產日本第一位的田子町結成姊妹鎮二十年的木牌，另一個不知是否那位Gilroy先生製作的大蒜肥皂。但我確信，這大蒜肥皂肯定可以引領回國禮物的一次風潮。還有一家專賣大蒜食品的店，裡面的各類大蒜調料看得你簡直眼呆口開，尤其是蒜味辣椒醬，品種繁多。其他醬料包括蒜味BBQ醬、蒜味芥末醬等等，還有泡菜系列的蒜味泡菜蘑菇、蒜味泡橄欖。

每年的七月二十四、二十五、二十六日三天是最著名的大蒜節的日子，從一九七九年就開始開始的。大家可以全家出動，來一個集健康玩耍購物齊全的家庭大蒜日。因為在那個集會上，從吃的到穿的，還有用的都會冠以大蒜的英名，吃的也是什麼都是蒜頭當家作主，蒜牛排、蒜頭炸魚、蒜頭春捲、蒜頭披薩、蒜頭炸雞炸薯片……有趣的是，還有有蒜頭啤酒；如要再要點甜食，有蒜頭蛋糕、蒜頭派；就連霜淇淋、口香糖都是蒜頭風味，就這為期三天都節日，要用掉幾頓的大蒜，就憑這一點，把這小鎮稱為全世界的大蒜之都，實至名歸。

總統小鎮

台灣激烈的兩黨之間總統大選已經落幕，而在美國，民主黨內的總統後選人之爭的風波越演越烈，恰巧那時我重游洽巴克

（Chappaqua），一個離紐約市曼哈頓五十英哩的小鎮。美國總統克林頓在該區買了樓，作為自己的行宮之一，也為太太希拉利競選紐約州議員和再次進軍白宮準備了官邸。現在，前任總統和可能是下一屆的總統都在那安居，這可成了名副其實的總統小鎮。

從曼哈頓的中央火車站到搭火車到洽巴克差不多一個小時。主要的乘客都是住在Westchester的居民，他們絕大多數都是在曼哈頓上班的老闆及高級白領，非富則貴。根據調查，洽巴克是美國前一百位收入最高的地方，排名第42，人口9,468人。

克林頓的家離堂哥聶揚的家很近，大概只有十分鐘的路程。那是一棟白色的樓宇，坐落在私家路的迴旋處，掩映在圍牆後面的綠蔭裡。那棟樓買的時候也不過一百六、七十萬，在恰巴口那些高達六、七百萬的大屋裡不能算是豪華，唯有門口停放保鏢的車和24小時守候的保鏢，盡顯主人家的氣勢。

車一開進那條迴旋路，堂哥聶揚就說，可以拍照。我問他為什麼這麼肯定，他說沒見到有提醒不准拍照的標誌。

我們把車停在了大院門口，正好克林頓的保鏢在換崗，他們朝我們看了看，沒說話，看上去也不十分在意我們的舉動。我們也沒有久留，匆匆拍了幾張照片，達到了目的就走了。

早上在他們鎮上的星巴克（Starbucks），這個克林頓經常光顧的，一間其貌不揚，設在街口小咖啡店吃早餐。那是個星期天的早上，人還坐滿了，僅自己和堂哥是中國人，看來不愛睡懶覺及愛在星期天出來吃早餐的多數是美國人。我要了一杯庫布基諾和一塊起士蛋糕，終於找到了門口的位子坐下，而聶楊點了美國人早餐常吃的瑪份餅。

咖啡屋有著一種特有的香味，夾有濃郁地領袖味道，坐在那兒

▌Chappaqua鎮上的火車站

▌克林頓家

的人都是一本正經的，所以少了一般咖啡館的那種輕鬆的氛圍。

中午我們又去了克林頓經常光顧的漢堡店，這個門面普通，帶點簡陋的小食店，就因為和前總統扯上了關係，被光榮地攝入了我的鏡頭。

晚上的晚餐，聶揚和秋晨讓我挑選地方，他們介紹了幾家，其中有兩家餐廳我都興趣，一家是中國的四川菜，一家是克林頓光顧的義大利餐廳。思想鬥爭了一會，獵奇的心理鬥不過家鄉美食的吸引，再說已經兩餐從美，怎麼也要照顧一下中國胃的需求，我們決定從實際出發，於是乎，我們品嘗了美味的川菜。

金礦小鎮

加州的小鎮風情各具特色，有的溫柔美麗，有的豪放粗獷，不過更能引起人們強烈興趣的，卻是導致小鎮風情萬種，那意味深長，歷史悠久的背景故事。這次來到位於離著名風景地優山美地不遠的小鎮美州（Columbia），它的歷史開始於一八五〇年三月二十七日。

一百多年前的三月二十七日，Thaddeus Hildreth醫生和他的兄弟George和一群探險者偶然在淘金的路上紮營在此，無意中發現了黃金及金礦脈，他們就決定停留此地，共同奮鬥，共用榮華富貴，在以Hildreth兄弟命名的礦井開採還不到一個月，除了在開始他們那唯一的一個小帳篷外，出現各種可以用來歇息的「居所」，還有成千成千的來自各地的「新移民」有六千人之多，為此小鎮最初的名字美國（American）也被認為不太確切，而改為美州（Columbia）。

▌馬車也是歷史面貌之一

　　Columbia小鎮和其他美國歷史小鎮所不同的是，隨著時代的變遷，美洲小鎮始終保持著一八○○年代的面貌，不僅加州的第一棟磚瓦建成的小學依然挺立，甚至富國銀行一八五八年開業時的大樓也舊貌依存，這原來是美國酒店的前身，整棟樓都是木結構的。在大街的主要街道，人行道都是用木板鋪成的。到了一八五二年底，小鎮已有一百五十多間店鋪規模在一八五○年至一八七○年期間，在這兒挖掘出來的金子超過一千五百多萬美金，在那時候，Columbia小鎮一度成為加州第二大的城市。一九四五年加州政府在該地建立歷史公園，目的是讓人們能親眼目睹掏金時期的欣榮景象。

走進小鎮，彷彿走進了電影裡，穿著上個世紀服裝的婦人拖著小狗在街上閒逛，街上售貨車也是一架舊馬車箱改變的，彈給它的和吹黑管的樂手，閉上眼睛，陶醉在舊時的夢境之中，連遊客向他們遞上小費，也全然不知。小鎮大街兩邊的房子無論是一層的還是多層的，都再現了十九世紀的特色，無論是住家還是商鋪，都保存的那麼好，最有趣的一家驛站還在營業，當然她的乘客已經不再是風塵僕僕的淘金客，而是興致勃勃的遊客了。我們在一家名叫的酒吧吃了一個道地的淘金時代的美式午餐，熱狗加特製的飲料SARSAPARILLA，這是在那個時代非常流行的飲料，以同名的植物梗莖做成，看似可樂，清清甜甜，十分可口。酒吧裡的裝置都是在美國牛仔電影裡見慣的，不同的是，一群小學生圍坐在一齊，跟著酒吧老闆抑揚頓挫的鋼琴，歡快地唱著美國童謠，頓時給這個古老的小鎮帶來了生氣。原來這個小鎮為加州四年級的小學生準備了生動的歷史課，每年有很多學生來這裡學習加州歷史，在節日裡也有許多為孩子特色的節目，例如魔術表演等，但我發現孩子們最熱愛的活動居然是最原始的淘金方法，孩子們在工作人員的指導下，雙手在浸在水中的小礦石來回撥弄，低著頭，屏住呼吸，生怕金子從自己的眼皮地下溜走，而他們父母，多數拿著相機，等待著捕捉金子現身的偉大時刻到來。

大學小鎮

　　有讀者問我，怎麼你去訪問小鎮都要有人陪伴的？那當然，人生的旅途上，到哪不重要，只要有朋在側，吃喝玩樂，再添上友情，那就是生活的極致了。這次帶我去採訪的，竟是分別幾年的報

社老同事江麗，可能是她不能容忍我小鎮寫作的緩慢進度，從東岸來灣區就那麼短短幾天，還硬抽出一天，帶我去開眼界。

記得幾年前，我還在做新聞編輯的時候，晚上十二點下班後，都是江麗開車帶我回家的。自從她搬去東部後，我的開車技術長進了不少，可惜她一直沒有機會消受。考慮到她來了幾天探親訪友，也累了幾天，這次我是很有誠意地提出兩個小時的去程由我來服務，她起先答應了，後來又看了我一眼，我的誠意就化解在她的狐疑的目光裡了。我是不應該之前跟她提了那件事：因為我們都是上海人，不知怎麼說起上海的交通混亂，我告訴她說，另一個朋友居然在上海自己開車，曾大驚小怪地問他，為什麼這麼有膽量，他慎重地回答我，與其把生命交在他人手裡，還是自己保管比較有把握。我敢肯定，這句話江麗聽進去了。

當江麗提出去Davis的時候，我還曚裡曚懂（上海話糊裡糊塗的意思）地問她Davis在哪？江麗懶的跟我解釋，以至出發前另一個朋友打聽：「這次你去的小鎮有什麼特色呀？」我很老實的回說「不知道，去找唄」總有特色讓我寫的。當然我也不算太笨，差不多到目的地的時候，就恍若大悟，這個小鎮是加州大學UC Davis的所在地。太棒了，我還沒有寫過大學小鎮呢，這不就是特色嗎！不得不承認，我的小鎮寫作是很奢侈的，不光是好友開車帶路，當地還有朋友接待導遊，兩、三個小時下來，讓我可以義不容辭地在這大學小鎮的前面堅決地加上了秀色可餐這誘人的四個字。

秀色可餐要分開注解，秀色，是沒想到這大學週邊居然有比擬國家公園的美麗風景；可餐，這鎮上好吃的東西太多了不算，竟然極具精緻美味的日本壽司、魚生、天婦羅、軟腳蟹等等等等，挺吃不動氣（上海話盡吃的意思）才12.99元；在灣區沒有40、50元絕

對拿不下來。因為是還可以現場下單的，就和你在普通餐廳點菜一樣。

　　UC Davis在全美的公共大學的排名榜四十多，但它的畜牧業、農業和生化專業在全國可是第一塊牌子，也因為是畜牧農業的關係，UC Davis的校園面積在全國業是數一數二的。由於校園很分散的關係，「導遊」劉生應我要求，只在校園的週邊兜圈子，不是我懶，校園內禁止開車，想把校園都逛遍，沒有一兩天時間是辦不到的。在UC Davis念書的學生，都是騎自行車的。有資料顯示，Davis小鎮

▌ UC Davis鎮中央晚飯時分

的自行車之多，也居全國首位，因此，全國自行車的名人堂（Hall of Fame）已經決定設在Davis。由於UC Davis的宿舍只對一年級都新生開放，所以在Davis大街小巷滿布各式的公寓樓，在街上所見，可能會認為這個是一個新型的居民小鎮。UC Davis的音樂廳和小鎮定時定點開放的有機農夫市場令我印象深刻，由此可判定小鎮居民的生活和文化水準，前者是世界一流樂團定點演出的地方，聽說馬友友每年都來此開演奏會，後者是小鎮居民不可缺少的日常食物的高級補給站。

我們很幸運，能夠品嘗到Davis最出名的Fuji自助餐，全拜UC Davis還沒有開學的緣故，否則起碼要排上一個小時的隊，據說這家店已經UC系統享盛名，其他大學的學生都會做火車遠道而來捧場。這家餐廳頗受歡迎的很重要的原因，並不只是價錢便宜，而是價廉物美，食物新鮮超值，那裡可以現點各類特色壽司、魚生、天婦羅不另收費。廚藝之高可以和灣區任何一家日式餐廳媲美。江麗的好朋友，劉先生夫婦，他們認識已經有二十多年了，因為工作的關係搬到這個小鎮居住也有十多年了，劉先生夫婦吃了這家餐廳是多年了，還是在最近一年才知道，他說很多老美很會吃，來這一做，就叫一盤魚生、一盤天婦羅、一盤他們的叫龍的特色壽司，三盤下去，已經很飽肚了。我很喜歡那款壽司，有鰻魚、牛油果、魚子醬等組成，口味多重，好吃的不得了，我們沒有特別去點大盤，但我從前面水渠游淌過的小船上，拿了一碟又一碟。自從離開了香港後，還是第一次到這種形式得日本餐館，而且也不用邊吃邊數吃空的盤子，看自己要付多少錢，因為這裡是自助的。這也是我們的運氣，只等了十分鐘，還坐上了吧台可以隨意拿食物，聽劉先生說，這樣的幸運在他們的經歷中，也少之又少。老闆娘聽說我是搞飲食媒體的，特意讓大廚烹製了魚頭，有日本特色的烤魚鮫給我們

嘗試。燒烤是日本烹調中的一個主要專案，烤雞、烤魚、烤松蘑等都是日本的高檔菜點。烤魚鮫為明火烤的鹽烤，即以鮮魚為原料撒上鹽後慢火烤，所以魚皮脆，魚味很鮮美有汁。又喝了非常正宗的味噌豆腐湯、水果、甜點，實在撐不下了，「導遊」把我們帶到屬於UC Davis的一個公園做消化運動，天吶，這大學的公園和我去過的那些國家州立公園沒有什麼不同，怪不得導遊夫婦寧捨自己居所附近的綠化環境，也要開車來這兒舒坦跑步，綠色河床、參天大樹，靜謐深幽，在河邊綠陰下，野鴨、烏龜的陪伴，看書發呆，豈不是神仙過的日子，當下我就決定，以後要進修，非UC Davis不可！

美食筆記本

University of California, Davis
OneShieldsAvenue Davis,
CA 95616
（530）752-1011

Fuji Sushi Boat Buffet
213 G.St. Davis, CA 95616
（530）755-3888

藝術小鎮

自從在美國定居後，除了必須去百貨公司超市買日用品，已失去了逛街兜商店的興趣。對比香港，總覺得這兒的商店缺少個性特色，直到那一天，來到了美麗安靜具有濃厚的藝術氣息的海邊小鎮Carmel。

呈格子狀的街道，綠意盎然、整齊雅致，藝術氣息隨處彌漫，特殊品味的藝術廊、古董店、咖啡屋、花園餐廳與名牌服飾店自成

一格，每一個櫥窗和庭院都滲透著驚喜，我在Carmel，終於找回了購物逛街的樂趣。

如詩似畫的小鎮Carmel，座落在太平洋岸邊，位於著名旅遊觀光景點——十七哩路（17-MILE DRIVE）南邊約二哩處，擁有得天獨厚的地理環境，正直春暖花開，滿鎮花開處處，扶疏綠樹，空氣特別清香，連加油站和電話亭等公共設施都有綠化。滿街的樓宇特色各有不同，極其雅致，彷彿自身於歐洲的小鎮。

來到小鎮第一件事，在街邊找個位子停車，九十分鐘的免費停車位每條街都有，然後在路邊的小店門口拿一張地圖；Carmel的市政設計非常有規則，四四方方的，地圖上用不同的顏色標出不同的區域地點，連我這個最沒有方向感的人也不怕迷失方向。數不清的藝廊、藝品店及知名設計師服飾店林立街旁，風格各異的櫥窗每每讓你駐足多時，所經之處皆是賞心悅目的之作，畫廊裡的油畫、街上的壁畫，甚至是窗戶邊的裝飾畫，藝術氣息相輝映，只是可惜未找到國畫大師張大千先生七十二歲時在此開畫展的畫廊Laky Gallery。

個性極強的藝術服飾工藝品店，不同口味特色的餐廳同時讓你欣喜激動，當我在一家經營義大利商品的店裡買到了一件有比薩斜塔圖案的別致T恤時，急不可耐地在店裡換上了新衣，喜孜孜的在店門口留影，慶賀自己的收穫。

走在Carmel的街上，發現這個小鎮有三多：老人多、遊客多、狗多；增添了小城閒情逸至地情調。

Carmel歷史悠久，當年西班牙人統治加州的時候，採用宗教與政治結合的行政區，因此每到一個新的地方，會先蓋教堂，再以天主教的聖者命名，例如San Francisco、San Jose，都是有涵義的，而Carmel的天主教教區mission，更是創立於一七七一年。一九〇

▋最喜愛的shopping街

六年，舊金山發生了8.25級的大地震，引發連燒三天的大火。其高
揚的火焰遠在八十哩外都觸目可見；劫後餘生的許多演出者於是往
南尋找新家園，在Carmel這處天然美景之地落腳後，細心的營造，
一個藝術桃花源就出現了，經過歷史的變遷，但許多當年定下的規
矩仍然沒有變，鎮內沒有高樓大廈，沒有紅綠燈，住戶沒有門牌號
碼，每一家都在門口上釘上自己的姓氏的牌匾，更突出了小鎮的個
人化。

名演員兼名導演克林・伊斯威特（Clint Eastwood）不但曾當過這裡的鎮長（一九八六年至一九八八年），並且在該鎮擁有一間有32個房間天主教堂旅館（Mission Ranch Hotel）和名為Hog's Breath Inn的餐廳，他本人至今也住在Carmel。克林・伊斯威特年輕時以西部牛仔片揚名影壇，堪稱偶像級的殺手，轉當導演後成績斐然，數度勇奪奧斯卡獎，例如幾年前替他摘下最佳導演獎的，就是敘述女拳擊手的影片（Million Baby），他生平第一部執導的電影「迷霧追魂」（Play Misty for Me）就是以此鎮為背景所拍攝的驚悚電影。摩根（Morgan）曾客串演出《百萬美元寶貝》，是克林・伊斯威特與現在的妻子、加州電視新聞前主播迪娜的愛情結晶。克林・伊斯威特一九七八年與第一任妻子美姬結束二十五年的夫妻關係，兩人育有兩個孩子。一九九六年三月，克林・伊斯威特娶了迪娜。不過當中的十八年他也沒閒著，他的女友們為他生了四個孩子。摩根出生三年前，也即伊斯威特63歲時，他與另一個女友也生了女兒Francesca。老年的伊斯威特是「岳父命」，60多歲生的兩個孩子都是女兒。

Hog's Breath Inn餐廳的格調，自然粗獷豪放，那裡供應的是美國三文治和牛排，在喜歡義大利精緻料理我的建議下，我們還是來到了花園情調更濃的義大利餐廳的後院，吃了一頓氣氛浪漫的午餐。那是由非常普通的農家後院改建而成，玻璃的天花板用細長的木柱子框成了長型的幾排，寬幅長條的布簾緩緩地垂下形成弧形，陽光從頭上均勻地灑落了下來，藍色的桌布加藍色的酒杯，註定了這餐的色彩，是浪漫的。義大利餐，浪漫的是那麼透徹，以至死板的德國老公唯有跟隨，因為沒有漢堡包供應，不過他也默默地堅持了自己的理念，鹹泡飯的傳統，以示無聲的抗議。而我，選擇了海

鮮麵，絕對是義大利餐的精華。

酒足飯飽後，我們驅車去了兩條街外的海邊，在通往公眾海灘更衣室的那條街上，汽車排長龍，多數都是帶著孩子來嬉戲的家庭，因為我們只是想散步，呼吸海邊的空氣，所以趕快掉車頭，另闢蹊徑。附近的沙灘很廣闊，既便是街上車流人潮多，沙灘上也未見擁擠，眼見一片溫馨和諧的歡樂畫面。

Carmel，我會常去！

童年小鎮

離開舊金山三十五公里路的Benicia貝尼西亞，在加州首府搬去沙加緬度之前的加州首都，這是一個非常優美恬靜的海邊小鎮，保留了許多美麗的自然景致和昔日古色古香的建築風貌。許多退休人士都把這兒當作是安享晚年的一片樂土。在臨近海邊的一帶，到處可以長凳依水，坐在那兒遠眺青山，近瞧遊艇快舟滑行，樂趣盎然。帶著寵物，無論在大街上行走，還是在路邊的咖啡座小憩，或是在珠寶店挑選心頭好，人們總是以友善的微笑，輕聲細語的招呼，親切地問候。

跟我先生去尋找童年的歡樂的回憶，踏足了這美麗的小鎮，他小時候曾在那兒住過幾年，留下了難以磨滅的印象。

那時候，他還非常小，大概只有4、5歲，也是家中最小的孩子。但是人小鬼大的他，居然為了滿足自己看電影的熱情，一個人走幾條街，來到電影院，踮著腳，對坐在售票庭售票員說：「我可以進去找我的哥哥嗎，是媽媽讓我來的，」得到批准進去了之後，除非真的等到媽媽來找，自己早就沉迷在電影的奇妙世界裡，忘了回家。

█ 不知傑克倫敦來過這海邊散步嗎？

█ 俯瞰小鎮還真不小呢

除了電影給他帶來的快樂，還有兩件事情也是他這次尋根的目的：一是小時候常聽他爸爸說，他們住的那所房子，以前曾是美國著名作家傑克倫敦的住宅，而且傑克倫敦還在那座房子裡自殺的。小時候，他未能真正瞭解這位偉大的作家，但是長大成人後，就希望能把這個疑團解開。還有一件事不能忘懷的，就是小時候的一場大街上的火災，火光熊熊，直逼他們的家，把他的媽媽嚇得摟著他不停的祈禱，居然後來火勢減弱更神奇的滅掉了。究竟是一場什麼樣的火災，也是他心中多年的謎。

　　開車進入了美麗小鎮的市中心，先生很快發現了熟悉的舊時環境，小時候每天行走的大街，不是他的記性好，而是當年的電影院竟然還在，不過沒有在營業，如果不是，我想他一定會進去重溫舊夢，當然這一次會買票。找到了舊居，房子已經面目全非，但卻在屋前不遠的地方，發現了當年他媽媽學開車時始終通不過的大炕依然還在，也終於發現了令他媽媽膽戰心驚大火的真相了。

　　Benicia貝尼西亞市中心的第一大街（FIRST STREET）是整個小鎮最熱鬧的地方了。出乎意料的是，大街非常的寬闊，直通海邊，兩旁的維多利亞式建築各顯英姿。我先生的舊居就在第一大街近海邊的一條橫街上。在第一大街上，我們發現了一排有別於其他古建築的紅磚牆大樓，居然在外牆上的一塊銅製標誌上，找到了當年大火的真相，原來當年這兒是有300工人的皮革製品廠，供應全加州三分之一的供應量，但是就是當年的一場大火，把這家廠徹底給毀了。令人喜出望外是我們的居然在先生舊居前差不多一百多米的地方，發現了傑克倫敦曾在該區域活動過的標誌，不過依然沒查出關於他曾經想自殺的傳說的真偽，在大街上的老街坊們，都說知道他喜歡這個鎮，好客的他在這有住所和酒吧，用來招呼朋友，看

來要確實搞清楚，必須要沿著他在加州的足跡走一次了。

Benicia在一八四七年五月十九日由Robert Semple，Thomas O. Larkin建立。在一八六○至一八六一年期間，Benicia曾經是水上運輸的一個中轉站，如果有乘客沒趕上蒸汽船，當時唯一的來往於沙加緬度和馬丁尼茲的交通工具時，還可以到貝尼西亞來乘搭渡輪。貝尼西亞還擁有當時美國最大的造船廠和非常重要的小麥倉庫，自然也成了最大的運輸基地，也是美軍重要的海軍基地。但到了一八七九年，還建造了當時世界上最大的可以運載火車的輪渡船，這個情形一直維持到一九三○年馬丁尼茲大橋的建立，取代了輪渡的在當地重要的位置。六十年代，兩個重大的發展徹底改變了比尼西亞，當地的軍事的兵工廠的關閉和建造了跨越貝尼西亞和馬丁尼茲的大橋，從那開始，貝尼西亞的新時代開始了。

那次，最印象深刻的，是和先生在海邊的一個非常溫馨的小食店裡享受午餐。我們在靠著能望到大海的落地窗前的小桌坐下，雖然是一個非常普通的小鎮，非常貌不驚人的食店，他們的餐桌布置一絲不苟，餐牌印製精細，侍者的態度更好像招呼著老朋友，彷彿是走進一個早已預定的，就是為你而準備的盛餐，當我坐下的那一刻起，我直覺到，享受美味的時刻來到了。老公一貫死板的做派，中午只需要漢堡之類的充饑，而我認為，如果要吃漢堡，最匹配的場景是坐在海邊。已經被室內輕柔的音樂和窗外的海濤所陶醉我，決定來一個最心愛的蟹派，要把這種享受提升至極限，當然，少不了紅酒的點綴。

富裕小鎮

離我們家四哩之外的Saratoga，距離矽谷中心最近的Santa Cruz群山懷抱的郊外小鎮，是我們在閒假日常去的地方，這是集美酒佳餚、踏青、高爾夫、騎馬、酒莊、古董店和藝術畫廊一起的休閒的最佳去處。

Saratoga是個富裕的小鎮，因為那兒找不到生活在貧窮線上的居民，那兒的中等收入的居民年收入在十五萬美金左右，而且90%的居民擁有自己的住所。每每開車去那，我最喜歡沿著清靜的山麓盤旋，一面傾聽著優美的樂曲，一面欣賞著路兩邊的豪宅，棟棟風格不同，家家自有特色。Saratoga的富裕其實不用統計數字的顯示，只要稍加留意當地人們的活動及穿著和儀態就能察曉。在鎮上

▌在這樣美麗街上走走歇歇很有樂趣

所見，行人各個衣著斯文，談吐幽雅，開的都是名車，小小的鎮上大大小小有幾十家餐聽，每一家餐聽，不論是日本的、中國的、義大利的、還是墨西哥的、美國的，只要是吃飯時間，每一家都座無虛席。除了餐廳多，Saratoga的古玩店也多，總共有十幾家，這些古玩店，和舊金山中國城中的不同，因多數店並不是為了純粹作古玩生意，好多店主是出於興趣愛好，有的是見自己年事已高，把自己的珍品拿出來，讓同好之人接著收藏。我收集很多的青花瓷器就是從這些古玩店掏來的。

說起酒莊，可能不太多的人知道，在Santa Cruz的山頭上，有超過二十八英畝的葡萄園，種植著不同種類的葡萄，在Garrod家族的經過一百多年的辛苦經營下，加上山上特有的日照，生產了二十多種白葡萄或紅葡萄酒，其中不乏名貴品種。酒莊每天開放品酒室，周日從十二點至下午的五點，週末提早開放一個小時。在葡萄園品酒室的四周布滿了參天大樹，蔭涼清爽，坐在室外的野餐區，遙望青山，品著葡萄酒，耳聽到清脆的馬蹄聲，別有一番情趣。

原來在葡萄園旁，有個一百多年歷史的馬廊，至今還飼養著幾十匹馴服的大、小馬匹，供遊客租騎，會騎馬的人，可以沿著葡萄園的山上小逕行走，初學者可以在寬大的，有屋頂的大棚裡試騎，無論哪一種方法，都一樣達到身心舒暢的目的。

到了Saratoga，就不能不去著名的美麗的箱根花園（Hakone Gardens），這裡充滿著日本文化的氣息，一景一物都體現了日本文化的精緻之美。箱根花園除了每天對公眾開放外，還舉辦各式文化藝術班，例如茶道、手工藝和繪畫，讓人們在工餘，能在和諧美麗的環境中，學習修身養心之道。一年一度的茶道聚會將在十月七日的星期天舉行。

Saratoga人非常熱愛自己的社區，看看在他們的大街上，不論是商戶還是機關，或是政府辦工樓，每處的門口，花族似錦，上星期六，有幸參加了他們每年一度的嘉年華街會，更領會了他們鄰居間的親情洋溢。這次嘉年華會主要是為社區籌款，許多印有Saratoga字樣衣物當街出售，餐廳酒莊都義賣，一條街上，居然出現了三個樂隊表演，只有二萬多人口的Saratoga，那天晚上卻出現了人山人海的景象，街上人頭洶湧，大家親切的打招呼、談家常，互請跳舞，互相乾杯，祝福著Saratoga。

☑ 美食筆記本

Garrod Farms Riding Stables
22647 Garrod Rd. Saratoga, CA 95070
（408）867-9527

Cooper-Garrod Estate Vineyards
Santa Cruz Mountains Appellation
22645 Garrod Road Saratoga, CA 95070
（408）867-7116

Hakone Gardens
21000 Big Basin Way Saratoga, CA 95070
（408）741-4994

試醉加州酒莊

　　說起酒，品酒，特別是去酒莊品酒，是加州非常重要的食文化特徵，目前在加州的酒莊多達兩千多個。品酒之旅，可以在那帕，也可以在矽谷之都。

　　享受生活需及時行樂，尤其是在眼下。國家和經濟形勢都讓我們感到壓力和困惑的時候，需要喘口氣，充下電，這樣才能保持清醒的頭腦和足夠的精力，面對可能會來的任何挑戰！剛結識了一對中美夫妻，他們有別墅在酒鄉那帕，所以當他們盛情邀請的時候，我忙不迭地點頭說好，還帶上另一對品酒專家的中美夫婦，計畫了週六品酒之旅，準備好好享受，即便明天是狂風巨浪，我們也擁有了美好的今天。

　　週六早上，經過精闢的分析和策劃，在三個不同的地點，我們把一架七人車塞滿了。六人和一隻鸚鵡。為了把許多吃的塞進車裡，只能委屈鸚鵡了，把預先留給他的位子給霸佔了，雖然許多酒莊有餐室，那帕更有許多出色的餐廳，但我們還是喜愛自己的廚藝，當然是加上了經濟的因素。我們帶上午餐和晚餐燒烤要用的全部物品，準備在上午和下午各去兩家酒莊，中午就在家稍作休息，吃一點，晚上也在他家燒烤。

　　天氣太好了，萬里無雲，一路上心曠神怡，準確地說，我們

去的Calistoga，是在那帕山谷的頂端，所以主人計畫在去的路上就順道品嘗兩家不同特色的酒莊，一家是專出香檳的，另一家是我們後來認定可以推薦的Peju酒莊，這一家始於一九八二年生產紅白葡萄酒的葡萄園，是Tony and Herta Peju夫婦經營的家庭式酒莊，Peju是一個非常普通的法國名字，而Tony Peju小時候也確實在法國生活過，他們出產的葡萄酒都是人工製作的有機酒，很多都得過獎，包括以下的品種HB Cabernet Sauvignon、Cabernet Sauvignon、Merlot、Cabernet Franc、Zinfandel、Syrah、Sauvignon Blanc、Chardonnay and Provence。

在他們的品酒室，我們在主人的熱情介紹下，品嘗了不下六種，口感都非常好，我最愛的是二○○七年的白葡萄酒Carnival。我一向只愛紅葡萄酒，很少喝白酒，但這隻酒深深地把我吸引住了，口味清香，非常醇美，是我第一次碰到這樣的好酒，同去的專家也紛紛地讚賞有加，價錢也不貴，才16美元，我們都買了。

▍在Peju酒莊品酒

Peju酒莊有不同的試酒俱樂部，適合於不同的顧客，如葡萄酒愛好者和專業品酒師，不過我們這次堪稱的特別之處，音樂配美酒，一位老先生居然為我們彈起了吉他，自編自唱，優美的旋律，吟唱的熱情，使杯中的酒更添情趣。

中午在主人家的露台上小坐休息，面對著秋色宜人的山谷，不喝酒也會暈呼。在主人家吃了輕便的午餐，有魯雞腿、蛋和豆干，外加越南海鮮卷和啤酒，啤酒拿來漱口的，以便下午再戰葡萄酒。

下午的精彩酒莊當然要數Sterling Vineyards，首先要搭坐纜車去品酒室已經引人入勝。這時節的酒鄉山谷，好像抹上了色彩不濃，均衡協調，柔和美麗的淡彩，不論是湖邊高高的樹蔭，還是山腳下矮矮的大片葡萄，都好像是一幅幅美妙的水彩風景畫。坐在Sterling酒莊高高的試酒室，每人可以挑三款不同的葡萄酒品嘗，我要的都是甜酒，對其中一隻被稱為甜品的紅酒留下了深刻印象，也意外地發現那裡有出售用於奧斯卡頒獎禮的名為「紅地毯」酒，不過不能試，要買的話，100美金不二價，我心想，等以後有機會踏上紅地毯的時候再買也不遲呀。

從Sterling Vineyards出來，大概前後品了十幾種不同的酒和香檳，在晚餐時，因為主人家的一句話，他說，現在不是品酒，而是喝酒，又加上烤肉香味的引誘所以大口加小口的喝，六個人喝了好幾瓶酒。因為太多太混，以致我還沒有和別人拚酒，已經醉得暈暈乎乎了。

好醉的一天！

如果認為品酒一定要去Napa，那就大錯特錯啦，Picchetti酒莊也是在我們家門口，事情是這樣發生地：

好友典樂來郵件，請教如何往博客上貼照片。對我們這些中年

後來說，這種高科技的玩意，不是三言兩語可以交代清楚的，所以我立馬決定去她家，手把手示範。

典樂家位於我最喜歡的小鎮Saratoga，下午兩點，車在私家路上剛停穩不久，她就開門迎了出來，喜孜孜地說：「我老公說要帶我們去試酒」。這可是喜出忘外的樂事。典樂的老公梁兄是一位既懂生活又有品味的矽谷工程師，早就聽說他品酒，不用去到那帕那麼遠，在自己居所附近三哩之內，今天終於機會來啦。我喝紅酒有很多年了，不關品味什麼事，因為身體的原因，醫生建議少吃飯多吃菜，所以我喝紅酒是為了多吃菜，天天喝酒，只能已經濟掛帥，在有限的品牌之內轉戰。去酒莊試酒是一個非常好的發現新品種的機緣，最重要的是和好朋友一起去品酒，可是人生的一大享受。

梁兄帶我們去的酒莊是在附近Santa Clara山上的Picchetti Winery，這個酒莊可是加州最早的酒莊之一。話說一八七二年，一位年輕的的義大利人Vincenso Picchetti，來到了我們加州，他憑著豐富的種植葡萄園的經驗，當上了Santa Clara一家葡萄園的領班，這家葡萄園歸屬現在的Santa Clara大學，當時還是Santa Clara社區學院。十年之中，這位年輕人深深愛上了加州的陽光，並和後來的弟弟一起，買下了一百六十畝土地，種植了自己喜歡的，以加州紫紅葡萄釀製而成的無甜味的葡萄酒Zinfandel，和另外兩種酒，法國葡萄酒Carignane以及Petite Sirah（這是曾經在上世紀中流行過的一種比較特殊的品種，可以其他品種葡萄混釀）。Vincenso經營酒莊很成功，他過世之後，曾尤其中兩位兒子接手。現在酒莊主人早已換了人，每年可以出品差不多九千箱的精緻葡萄酒，不僅保留超過了一百一十年Zinfandel，還增加了Chardonnay，這種常見的白葡萄酒，最適合和食物搭配了，還有可以生長在世界各地的，傳統的九種葡

萄之一的，可以做成著名的波爾多葡萄酒Cabernet Sauvignon等等。

　　走進Picchetti酒莊，就迷上了古樸的園景和建築，有一種幽深的古典田園味道。我趕不及地四周取景，典樂熱心的加以指點，因為用的是她剛買的高級觀景窗；意外的是還在遠遠的地方看到了孔雀，聽梁兄說，孔雀還是這個酒莊的一道風景呢，原來有一位Picchetti家的成員是愛好飼養鳥類和孔雀。照完像，發現梁兄已經不見了，原來他早已在品酒室等我們呢。

▌Picchetti酒莊

我們在品酒單上挑出了五款嘗試，有紅有白，試酒順序有由淡至濃。輕輕拿起酒杯，仔細觀察酒色，然後緩緩晃動杯子後，把鼻子湊近杯子，深吸酒香之氣，然後稍停幾秒鐘，舉杯喝一小口，反覆蠕動舌頭，慢慢品味。以上這些動作，正是品酒不可缺少的觀、聞、嘗三個步驟。記住這些品嘗過的葡萄酒的香氣、色澤和口味，對普通人來說，可以幫自己記住所喜歡的酒類，而對專業品酒員來說，則是必作的功課。

這次試酒有收穫，一直對紅酒情有獨鍾的我，發現特有水果清香的白葡萄酒（Tahoe White）非常不錯。我不喜歡白葡萄酒的原因，是我偏愛甜味，不過我也贊同品酒師們的說法：「不酸不澀就不能算是葡萄酒，又酸又澀也不能算是好葡萄酒。」梁兄動作很快，已經買好了他品味的結果，招呼我們向下一個酒莊出發，那我們預定的「高科技計畫」怎辦？扔腦後吧。

☑ 美食筆記本

Picchetti Winery
13100 Montebello Rd. Cupertino, CA 94014
（408）741-1310

夕陽火車上的浪漫晚宴

　　火車在晚霞中啟動，慢慢在山丘田野中蜿蜒向前，窗外，田埂整齊的葡萄園，那幼嫩的小苗在微風中點頭致意，流淌的小溪，嬉笑地穿梭在山澗，遠山近坡綠意盎然，吐露著春天的氣息，天邊夕陽亮麗，雲朵絢彩；窗內，氣氛高雅、服務殷勤、食物美味，加上鮮花、美酒、香燭的陪忖，怎不令人陶醉這美景佳餚之中。

　　今年生日，先生有新意，何不在平日和很少打交道的火車上來一個浪漫晚餐，不僅新奇，同時又可以欣賞到加州郊野的風光。我們在網上預定了時間和位子，餐車分三種，不同的類型，不同的價位，我們選的是最貴的私人套餐，不用和別人併桌，還包括了香檳和飲料，不過價錢不菲，每人100美金。

上車的地點是在離開聖荷西七十哩之遠的Oakdale，晚宴時間是在從傍晚五點至八點，我們提前半小時登車，熱心的列車長帶我們到處參觀。已有一百多年歷史的火車及鐵路，建立在淘金熱期間，穿梭於北加州的各個小鎮，貨運、人運均可，現在屬於私人擁有。有三條不同的路線，列車也經過不斷的裝修，用於旅遊休閒，列車長介紹說，我們坐的列車曾多次被電影公司所徵用來拍攝電影，加上電視劇，廣告公司的青睞，火車出鏡高達三百多次，把她稱為明星火車，一點也不過分。

　　乘客們陸續登車後，火車準點出發。我在預定的桌子上發現一瓶祝賀生日的鮮花和巧克力，心裡已充滿了喜悅，鄰桌的一家子是火車晚宴的常客，列車長為歡迎他們第三十次的光臨，敬送了鮮花和賀卡。車箱的布置簡潔雅致，有小型的酒吧，陳列著一些古老的油燈呀，燭台等等的裝飾品。 火車開的很慢，品著開胃酒和頭盤，欣賞著沿途的風光，確是一件樂事。

　　晚宴的選擇不多，我點的是檸檬烤三文魚，還相當不錯，魚大概有七吋乘八吋的大小，烤的恰到好處，魚肉多汁又鮮嫩，包裹著濃郁清香的醬汁，口感一流。先生點的是烤到五分熟牛排，我嘗了一小口，味道也不錯，列車長更端來了他的摯愛——蜜汁雞排，向我們推薦，酸酸甜甜的蜂蜜芥末醬，煎得雞肉的表面又脆又香，裡面的雞肉柔嫩可口，簡直是絕配；三份餐的配菜是相同的，紅蘿蔔和奶油焗土豆片，湯也是普通的羅勒（一種特別的香料）番茄湯，但是非常美味，可見廚師的手藝非同一般。

　　我正埋頭精心品嘗奶油蘋果泥甜點的時候，突然一個寫著我名字的巧克力生日蛋糕出現在桌子上，原來，晚宴火車向生日的乘客贈送蛋糕，那天在我們那節車廂，總共有三個人過生日，當點燃了

生日蠟燭後，全車廂的人一齊唱起了生日歌。

　　飯後我們來到了另一節酒廊車廂，裡面布置的好像客廳，長沙發沿著兩邊置放，沒有大桌子，只有小茶几，這是供人們飯後餘興的地方，車廂一頭，還闢有小小的舞廳，有兩對夫婦正隨著音樂起舞呢。

　　坐在沙發上，望著窗外的夕陽，正在慢慢地滑向山背後，我們也是時候回家了，火車回到了原站，臨別時，每位女乘客都獲贈紅玫瑰，一輛長長的Limousine停在月台，司機挺立一邊，於是乎，大家互相打趣爭作它的主人，其實大家都明白，即便我們必須在駕車多時才回到家裡，特別的體驗、有趣的旅途、美味的佳餚，也值得回味無窮。

咖啡的故事

　　美國最流行的飲料莫過於咖啡了。我已經忘了什麼時候開始每天必喝一杯咖啡的了。對小資情調情有獨衷的我，雖然不至於像奧地利作家茨威格所說的：「我不在家，就在咖啡館，不在咖啡館就在去咖啡館的路上」那樣狂熱偏執，但我也認為，真正意義上的喝咖啡，一定要發生在咖啡館。

一、星巴克時間

▌太陽下面的星巴克

　　今天終於把下期雜誌的重頭文章發了出去，又和寫專訪文章作者通了電話，基本上下期可以定稿，突然想輕鬆一下，決定來個星巴克時間慰勞自己。

　　星巴克離我家只有兩條街那麼遠，我雖然經常去，但總是有些名堂，多數是約了人在那兒談事，夏天暑氣高升的時候，有過幾次去那兒歡冷氣，像今天這樣特意跑一次還屬於奢侈的狀況。

在昨天從圖書館借的三本書《成功者的的逆向思維》、《平凡一點多好》和《單身男子公寓》三本書裡，選了台灣醫生歐陽林寫的後者作為我咖啡時間的伴侶，並沒有任何小看和怠慢另外兩個作者的意思，只是覺得咖啡時間是浪漫的，不適於研究哲學和人生而已。

可能昨天和木榆在網上談到星巴克的時候，我用了非常大器的句子：「如果我來經營星巴克」宏觀設想的關係，今天看到星巴克居然感到有一種親切感。我買了一杯卡布奇諾，終於可以在秋日那暖洋洋室外，靜靜地坐在星巴克大門口的椅子上，不被室內走來晃去的人影所騷擾。這家星巴克為眾人所用，小學生在那兒補習功課，下場的餐飲從業員廣東話的高談闊論，保險經紀們氣定神閒的講解，還有不時從門口停車出飛奔去廁所，急得已經沒時間把握關門的技巧的飲食男女，電話鈴聲大作的時起比伏，經常使埋頭看書的我以為身處香港的茶餐廳。

門庭上的喇叭放鬆著輕鬆的調子，歌手強烈的捲舌音被我斷定出自法國人的口，抿一口還熱辣滾燙的咖啡，我調劑了坐姿，放鬆了雙腿，腦子催促著眼睛，向《單身男子公寓》，掀門而去。

亦舒說：「科學家的情緒是穩定的，除非他們發現了新的細菌，或是新的定律」。我以為醫生可以是科學家屬類，而且公寓絕對和新的細菌定律無緣，這就是我選擇這本書的原因。現實生活的海嘯我們躲避不了，至少應該世界上還有一處平靜的地方可以讓我們選擇，真實的生活，今天，當下，就是手中的書。

果然，書中真的有比現實落實的地方，這位年約三十歲，台灣某急症室的夜班醫生，挑選他的這套公寓原來是為了「好好的失身而結束單身」，為了此目的，他甚至已經營造了「靡爛的浪漫氣氛」實用地準備了兩只牙刷，兩條浴巾。比起此地那些過四邁五的

中年前後們有很多的誠意了。他還有了如此的計畫：深夜在吧台邊點一杯威士卡，請落單的小姐跳一隻慢舞，然後感性地告示對方：「認識你以前，我是憂鬱的」。可惜理科的人，尤其是醫生，腦子永遠是清醒的。他不忘單身的好處：「可以充分享用一張大床，半夜不被抓起來問，你愛不愛我。」看到這，我奇怪他怎麼可以清楚我曾有過的舉動，我是否應該為無意中影響了某人而負起內疚感？讀到他最後的宣言，我可以釋然，他是這樣說的：「只要性能力還健在，什麼時候結婚都沒有關係」，是的，那位醫生，凡事隨緣。

隨著咖啡杯的見底，《單身男子公寓》可以「關門」了，我喜歡這類小人物的調侃真實故事，沒有大悲，沒有大喜，有的只是一種時曾相似感覺和情調，在合上書本的時候，看書的人會帶著會心的微笑。

這就是我需要的咖啡時間，在我喜歡的星巴克。

對於我的洋夫，一個美生美長的美國人來說，早上從咖啡的香味中醒來，就是他的美好人生了。可能也就是人們說的，美國人喝咖啡，是喝隨意，只要是咖啡，只要有的喝，只要想喝時候馬上喝到，他們也就滿意了。咖啡是美國人生活中的一個部分，從來不置疑這一點，也從來也不為此感到大驚小怪，直到有一天我認識了他……

二、一息尚存為咖啡

在世界著名的矽谷中心，有一條著名的大街叫做Steven Creek，它和另一條大街De Anza相交而行，矽谷的活力也沿著這兩條街流

▌ 經常坐的23路公車

向四面八方。人們常說，在美國，不會開車就等於沒有腳。 這句話沒錯，但不準確，在矽谷，公共交通是非常發達的，只要你有時間，沒車，也可以去你想去到任何一個地方。在Steven Creek大街上，就有一輛23路公車，班次很密，每十五分鐘一班，我也就是在23路公車認識了他，從我第一天坐公車起。

如果說，做一個健康人是幸福的，那麼，身為殘疾人，住在美國，尤其是住在加州是幸福的，我也是因為加州有優厚的傷殘人福利而買了公共交通的月票，20美金一個月，包括輕鐵，尤其那時是汽油飛漲的年代，拿到月票的那一刻，令我真的感到人生很美好。

他也是一位傷殘人，坐在輪椅上，仍可以感到他魁梧的身軀，他從未能抬起頭，雙臂也不能隨意擺動，只是右手指勉強可以操做電動輪椅的按鈕，從未聽見他說話，從他掛在腰間的尿袋可以判斷出，他癱瘓了，而且是高位，可能是頸椎有問題。

在美國的公車上看到做輪椅的傷殘人，司空見慣。美國公車車箱前面有兩排坐椅是可以收起的，騰出地方給輪椅。等輪椅停穩了之後，還會用兩個鐵鉤固定輪椅，避免車輛在急剎車的時候發生意外。不過絕大多數坐輪椅者上身的肢體活動還是自由的。他們上班、看病或是購物，坐公車非常方便。

第一次看到他，還是以為碰巧，他在Steven Creek大街一個熱鬧的地段上車。司機為他放下了專為傷殘人而設置的上車的斜板，他緩緩地駕著輪椅上車，在狹小地空間轉彎，倒退是那樣地熟悉。雖然不能抬頭，但臉上總是保持著微笑。他的輪椅前面，像幼兒的手推車前一樣有一可以放東西的擱板，有一張寫著英文字母的牌子，和一個凹進去的圓形，一杯星巴克的冰鎮咖啡穩當地放在內。沒有幾站他就下車了，在一個住宅區的附近。初時，我並沒有意識到，他是專程出門區買咖啡的。在以後的日子裡，常常能在二三路公車上看到他，總是在一樣的月台上下，為了那一杯冰鎮的咖啡。有次，我恰巧坐在他輪椅的對面，他微笑著用眼神示意我看他前面的字母牌，我這才意識到，他是靠這牌子和人溝通呢，只見他用手指緩慢的指向H-E-L-L-O這幾個字母，他在向我打招呼呢！我趕快回應了，他開心地咧了咧嘴，然後艱難地把頭靠向咖啡，終於他的嘴唇碰到了吸管，他咬住了吸管，憋足了勁，大大地吸了一口，他滿足地閉上了眼睛。我的心震動了，這麼大的太陽，這麼艱難的上、下車不說，坐上輪椅也要花去很多時間，冰鎮咖啡在家做並不難，或是讓別人代買，他的執著、他的享受，充分顯示了咖啡在他心目中的地位。

美國人喝咖啡是隨意，但隨意之中隱藏了特殊的意義：咖啡和生存相關，一息尚存，為我咖啡。在他身上，我看到了那令人感動的生活態度。

美國火雞節

　　美國唯一的家庭正餐的日子，就是美國感恩節，而這正餐上的主角，就是火雞。

　　感恩節是只有美國人才過的獨特的節日，起源於一六二二年。話說一六二一年，一百多名逃避宗教迫害的英國清教徒乘坐五月花號船來到北美洲，在現在的新英格蘭地區登陸。當時清教徒非常保守，對於在歐洲未成見過的食物和動物都不敢嘗試，他們只是用從歐洲帶來的種子去種植，但這些歐洲的農作物無法在美洲的土地上生長，是印地安人教他們種玉米、南瓜和豆子，由於嚴冬缺乏肉類，印地安人又教他們捕捉火雞，要不是印地安人的說明，清教徒們是絕對不敢碰這樣子醜陋、體型碩大的火雞了。次年，一六二二年，來自英國的清教徒，為了感謝印地安人對自己的說明，在慶祝收成的時候，特意邀請他們一起來分享豐收的果實，這是歷史上第一次的感恩節。而品嘗火雞，也是從那時開始，成了美國感恩節傳統。

　　每年復活節，白宮都要舉行火雞放生儀式，可能是有感於美國人感恩節的火雞食用量實在太大，而對火雞的產生了歉意，被放生的火雞會被送到一個農場，終老一生，可免於被人宰殺，成為感恩節桌上的大餐。

　　在放生前，應屆總統傳統上都要和被放生的火雞合影。有一

年，那還是已過世的美國總統雷根在位的時候，當合影時，其中一隻火雞突然受驚撲翅，傷了雷根的眼睛。從此以後，負責送火雞去白宮的火雞飼養農場，從剛生下的小火雞開始，每天除了餵食和清潔之外，都讓不同年齡的人去走近他們，說說話，給予愛撫，此舉是讓火雞從小就習慣人們的親近，不會因為以後的大場面而受到驚嚇。

其實，只要烹調得當，火雞可以是一道價廉物美的美食。火雞的營養價值和雞不相上下，而且火雞所含的脂肪比雞低得多，火雞肉無疑健康得多，每100公克只有141卡路里，脂肪則為5.6公克，正由於脂肪較少，因而不及一般雞肉嫩滑，並需要加入大量配料炮製。此外，火雞體形甚大，不容易一餐吃光，所以通常在復活節大餐後，會將吃剩的火雞起肉，然後雪藏起來，作為日後製作三文治、沙律的材料，而火雞骨頭可以用來煲湯熬粥，美味無比。火雞可煎、可炸、可燉、可滷。最好吃的不是烤，卻是為了應景。要使火雞烤出來不乾不老，只要燒烤時注意保住肉內所含有的水份，吃起來就不會又乾又硬。現代人要好吃也要健康，缺一不可，不能妥協。

感恩節大餐倒數

要想在感恩節吃上美味鮮嫩火雞，準備功夫少不了。

正餐四天前：

預定新鮮的火雞，或買一個急凍的火雞放在冰箱裡，至於買

多大的火雞才夠呢？根據每個人450克的標準而定，一個急凍的火雞，把火雞放在冰箱底部位置，開始讓它自然溶化，需要四至五天才能化凍。

正餐前夜中午準備餡料，不用放入冰箱，只要蓋上蓋子，放在陰涼處即可，不要等到餡料涼透了再填入火雞。正餐前夜傍晚把火雞從冰箱裡拿出來，用錫箔蓋住，讓它適應屋子的自然溫度，餡料和牛油也一樣放在常溫下，這樣的話，第二天早上它們就會變軟。

正餐七個小時前：

預熱烤爐，準備火雞，詳情見感恩節火雞食譜。

正餐前半個小時：

把火雞從烤爐中移出來，把蓋子鬆鬆地打開，把錫箔蓋留在上面即可，準備上桌。

感恩節烤火雞做法

材料：

6.3公斤的火雞

6湯匙蔬菜油

125克牛油

1個檸檬，一分二

1包新鮮的迷迭香草

鹽和胡椒適量

做法：

一、預熱烤爐到220℃／425℉，煤氣開到七。把火雞內臟清洗乾淨，用油和調味料把火雞的外部塗遍。

二、在火雞的空腹裡，放上牛油、檸檬和全部香草，先把火

雞背向上烤上十五分鐘，把烤爐的溫度調小到180℃／350℉，煤氣是四。烤上三個半小時，然後把火雞轉個向繼續烤上兩個小時。

三、用一個大叉子插進火雞腿的關節處，如果血水流了出來，那就再烤上二十分鐘，如果流出來的汁不帶血水，那就是熟了。把火雞拿出來，用錫箔包住二十分鐘，利用這時間煮火雞高湯。

火雞高湯

材料：

火雞頸和內臟

1個洋蔥，切片

1個胡蘿蔔，切片

芹菜，切片

2片月桂葉子

3湯匙麵粉

鹽和黑胡椒適量

做法：

一、把火雞頸、內臟和蔬菜、香草，放在鍋裡，加六百毫升冷水，煮開至小火，蓋上蓋子煮三十分鐘，倒出留用。

二、在烤過火雞的盆子裡，刮三湯匙肥膏放入小鍋裡，放入麵粉，攪拌麵粉，邊煮邊攪拌。十二鐘直到顏色變成淺啡色。

三、把之前留用的高湯和150毫升的火雞汁倒入，煮沸，攪拌，加上調味，慢火，不蓋蓋子煮十分鐘，即成。

火雞餡料

材料：

175克牛油

225克洋蔥，切碎

115克綠胡椒，切碎

150克芹菜芯，切碎

200克玉米麵包，攪碎

350克搗碎的土司麵包

2個煮熟的雞蛋，切粗粒

110毫升的清雞湯

3顆雞蛋

鹽和胡椒

做法：

一、把60克的牛油在鍋中溶解，煎洋蔥，拌勻，至到洋蔥軟
化，起鍋，放在一邊。

二、把搗碎的土司麵包、玉米麵包，放在一個大碗裡，加上
切成粗粒的熟雞蛋、芹菜和所有其他材料，攪拌均勻，
即可。

登高野餐

　　說起生活態度，野外生活，無論是簡單的吃一餐飯或是過夜，都是美國人熱衷的，我很傾向，為此，在我做副刊編輯的時候，就利用自己手中的權力，常常刊登這一類文章，有時自己親自去採訪，體驗，也總不會漏了人文那部分。

　　記得童年時每逢野餐都會雀躍非常，當然不是為了食物，而是為了可以去郊外撒野。每天對著餐桌幾十年如一日的枯燥，也就是為什麼今天想去野餐的原因──野餐其實不用走太遠，足夠讓心情改變的距離就可以了。

　　由於時間有限，油價高漲，給先生下了命令，家住庫普地緹奴，所以要他在不出方圓二十哩找到既是風景好、又有情調，還要有背景故事的野餐聖地。果然他不負我望，週末下班回家，野餐的地點已放在了餐桌上。MONTE BELLO 17100 Monte Bello Road Cupertino CA 95014，好傢伙，比我要求的還近了十哩呢。

　　彎彎曲曲的山路把我們帶到了小山上一個葡萄酒莊，有一百多年歷史的Ridge Vineyards，自從一八八五年一位義大利籍的醫生買下這山頭開始，這個家族一直種植葡萄和釀造葡萄酒。每逢週末，他們的嚐酒室開放時，也把室外的花園向公眾開放，不是前來品酒的人也可以隨意佔用他們的野餐桌凳，或是另闢蹊徑自找好地方。

▌ Ridge出品的酒　　　▌ 俯瞰矽谷

　　雖然不是高山峻嶺，但矽谷盡收眼底，沒有強烈的日照，不覺曠野的勁風，綠意清風暖陽下眼見酒杯人影婆娑，耳聽鳥語人聲呢喃。另外停車場大，廁所極乾淨，離舊金山不過也就四、五哩，一個非常理想的郊遊野餐地點。

　　野餐食品一定要選擇新鮮、色澤亮麗，讓人一見便垂涎欲滴。有關專家認為：到綠色地帶應選擇偏紅色的食品；黃土地帶應選擇偏藍色的食品；城市灰色地區則應選擇褐、綠色食品。如果食品的顏色同所處環境的色調一樣，比較影響人的胃口。

　　多汁食品，含糖量較低的汽水、富含維生素的飲料以及水果等，既解渴又可以減輕疲勞。風味食品，攜帶的野餐食品應具有多風味，互相搭配，以促進食欲，也可選擇一些自己喜愛的食品。朋友之間可以各自家鄉的特產和選購當地的傳統特色食品，品嘗風味小吃，即可飽口福，又可以得到美的享受。柔軟食品，一般出去遊玩，儘量避免帶乾硬的食品，容易口乾舌燥，腸胃不舒服。而柔軟食品易於消化。

▌ 我的兩位御用模特兒

　　這次我們挑選的食品是國際化的，中國的茶葉蛋、日本的壽司、香港的三文魚、美國的沙律、德國的三明治、外加健康的素食、西蘭花炒新鮮雙菇、美味各式水果、外加加州葡萄酒，德國啤酒，健康飲料和淨水。食物挑選好了，容器也有講究，如果你不想在打開吃的時候食物已面目全非的話。

　　和我一起用餐，有非常痛苦的一面，就是必須饑腸轆轆地看著我擺弄食物，通常旁觀的人眼睛裡發射出怨恨的光芒！而我呢，眼睛也是非常的辛苦，一面要看鏡頭，一不留神，鏡頭裡突然會出現抓食物的爪子，眼角還要時不時地瞄一瞄鏡頭外面那張張血盆大口，有沒有把口水滴入我的美食中。

在山林中靜度週末

　　生活在灣區的人們，雖然被青山大洋包圍，不過工作的競爭，生活的壓力，甚至來自世界上任合不好的消息，都會引起精神上的不愉快和緊張，長期就可能導致健康出現問題。有無想過試一下出走城市，絕緣三電（電腦、電視和電話），忘卻凡俗的一切，沒有生意經，不談事業心，讓負重的生命有一個喘息的機會，享受一下全身心的放鬆。

　　放鬆身心有很多種方法，無論什麼方法，最要緊的是能把自己暫時抽離目前的環境和心境。Retreat，是其中較有效的方法。Retreat是英文休養隱居的意思。

　　在離開那帕三十公里，在經過彎彎嶇嶇差不多七哩的山路，那就是此次要去的目的地，Four Spring Retreat center。參天的大樹、

濃密的灌木林、林中大片的草地、不同款式的木屋及通向不同山頭的羊腸小徑。下了車，置身林中的第一個感覺，而且是強烈的感覺，就是靜！安靜！這個安靜，不是因為周圍沒有人，而是因為見不到每天朝夕相見的住宅或公司的排排建築物，公路上的車龍，城市裡擁擠的人群，心身會因此感到一種很難會有的解脫感。

Retreat不同露營，自己紮營安寨，需要體力，也需要強壯的身體去野外變幻多端天氣，所以較合適年輕人。而Retreat合適任合年齡的人，或是家庭，或是團體。參加的人可以按照自己的喜好選擇住宿，如幾個人一間的，或是雙人房甚至是單間，還有可以選擇更僻靜的臨涯小屋，或是較方便的主樓。不論是那一種，都有乾淨的浴室提供。說到膳食，可以自己帶上有功能齊全的廚房，不過那裡有大型的燒烤工具，所以只要帶上你所希望吃到的食物的材料就可以了。

在Four Spring Retreat center的主樓，有一個非常寬大的廚房，和容得下幾十個人同時就餐的飯廳。溫馨的客廳，大大的壁爐，柔軟的沙發，落地的玻璃窗，可以看到整個山林。好似一幅森林壁畫。Retreat除了以從鬆弛為主要目的外，也可以有其他的目標。以小家庭為單位，休息為主的，大人看書、養身、採果子，孩子可以做水上運動、爬山、打球、游泳等等，也可以組織集體活動，如這次東灣的中華文武學院的安排的Retreat就是以習文練武修身養性為目的的。

這次中華文武學院蔣雲仲、劉惠如夫婦組織的Retreat有五十多人參加，參加的大多數都是學院的學生。在東灣愛沙瑞托市開設中華文武學院已三十多年的蔣雲仲80多歲了，畢業於台灣大學法學院，曾隨多位名家學習山水、人物、花卉、篆刻、書法，集各家大成，自成一脈。蔣雲仲除書畫外，還精通佛法及武術，一九七三年

在北加州愛沙瑞托市創立中華文武學院，一九八四年年獲得撒牟拉中西醫科大學醫學博士、一九九二年年獲夏威夷歐陸大學榮譽博士，他除藝術、醫學外，尤對太極、少林、形意、八卦、鶴拳研習多年，故其作品剛勁有力，而集美術、醫學、武功於一身，實是當今罕有的瑰寶。

劉惠如老師生長的父親是畫梅專家，生前曾畫梅花五十餘年，人稱畫梅第一，所以劉惠如自幼耳濡目染，得其父真傳。15歲時獲全國青年國畫第一名，後又拜花鳥大師邵幼軒為師，盡得邵老師牡丹精髓，並於構圖及設色方面突破創新。劉惠如18歲時進入國立台灣師範大學藝術系，在眾多名師嚴格教授下，使其畫藝更上層樓，劉惠如曾於一九七四年獨力完成台北希爾頓大旅店三大會議廳六面壁畫，其壯觀和魄力轟動台灣藝壇。來美後除參加華裔藝術界各項展覽外，更積極參與灣區各主流藝術團體展，出獲獎無數，並努力促成一年一度聯合展覽中增設亞洲藝術專案，使中國畫每年都能在四方藝術團體主辦的大型展覽會場，更在中華文武學院與夫婿共同教授中華畫藝和大雁氣功，居住在灣區的著名女作家喻麗清，就是她的繪畫和氣功的學生。

我因為工作在身，無法全程參與，但在山林中住的那一個晚上，也足以令我身心放鬆，第二天精神百倍地回報社開工。

碼頭垂釣樂

　　要說在加州的戶外活動可是數不勝數，不過要比輕鬆有趣，省錢方便的非垂釣活動莫屬。因為加州的天氣和海洋魚蟹是取之不盡的天然資源，對喜歡吃海鮮的朋友來說，垂釣更是於娛樂與美食之中，何樂而不為。垂釣，是美國人的一個重要休閒活動，我曾經在自己負責的休閒副刊版面上不於餘力地推銷⋯⋯

　　要說在加州的戶外活動可是數不勝數，不過要比輕鬆有趣，省錢方便的非垂釣活動莫屬。因為加州的天氣和海洋魚蟹是取之不盡的天然資源，對喜歡吃海鮮的朋友來說，垂釣更是於娛樂與美食之中，何樂而不為。

　　人說在加州垂釣要有牌照，這話不假，但不全面。因為在加州可以不持牌釣魚，但一定要在碼頭上。在灣區一共有17個公共碼頭，遍布從東灣的屋崙，直到南灣的聖荷西。所有的公共碼頭都非常安全，有員警常常巡視，晚上照明通亮。從設備來說，廁所、小吃部等一應俱全，有的附帶清潔魚蟹的設備，和煮食的燒烤爐。所有灣區公共碼頭的方位和資訊可以在網站上查找www.fishmap.com，或者是去買一份灣區釣魚地圖。

　　以下先向讀者介紹三個出名而且非常受歡迎的碼頭：

Muni Pier

Muni Pier對舊金山居民來說，可以說是交通最方便的碼頭了，因為它就坐落在Van Ness大街的結束地段上，無論開車或搭乘公共交通工具都是一樣的方便。不過Muni Pier對居住在舊金山以外的朋友來說，也非常有吸引力，因為在Muni Pier上垂釣，你能欣賞到一流的美景，在等待魚兒上勾的同時，不僅瀏覽舊金山的市容，還可以近距離觀察Alcatraz島，當然金門橋的壯觀也一收眼底。

Muni Pier建立於一九三○年，碼頭長1,850呎，每天24小時開放。在Muni Pier常年可以捕到小到鮮嫩無比的各種類型小魚，大到入口美味鯊魚，但是要注意，Muni Pier沒有提供清潔魚類的設備。

氣勢壯觀Pacifica Pier

在Pacifica Pier上釣魚，可以自豪的宣稱，我們垂釣於太平洋！但這是否意謂我們能征服大自然那就見仁見智了。去年的某一天，在Pacifica Pier釣魚的人們，八小時之內釣到了千多條魚，看來大自然有時也會給人們一個驚喜。在Pacifica Pier除了魚兒易上勾外，也是捕蟹的好地方，長年可以捕到肥膏肉嫩的螃蟹。而當季節來到，還可以釣到三文魚等。所以可以堪稱加利福尼亞最有收穫的垂釣碼頭了。

Pacifica Pier坐落於Pacifica，靠近Paloma街，Pacifica Pier有一個正式名叫做Reverend Herschel Hawkins Memorial Pier，可能因為名字太長了，人們習慣稱它為Pacifica Pier。碼頭上除了廁所、小賣部

外，還有乾淨的水源和清洗魚蟹的裝置，開放時間清晨六點到晚上十點。不過去Pacifica Pier，要留意天氣，因為在碼頭上風非常大。

乾淨方便的Oyster Point Pier

Oyster Point Pier坐落在Marina和Oyster Point交接處。Oyster Point Pier建立於一九八三年，碼頭長170呎，開放時間早上六點至晚上十點。Oyster Point Pier所有的設施都市乾淨非常，另外還有燒烤爐提供，景致也相當宜人。可以說是一個全家郊外游的理想之地。非常值得一提的，Oyster Point Pier的小店不僅提供幾十種現成和現做的食品，垂釣用的工具，用品也一應俱全，可以說，就是你一樣東西都不帶，也能在Oyster Point Pier開開心心地過上一天，小店的老闆，友善親切，釣魚知識非常淵博，是一個非常好的釣魚入門的顧問。

碼頭垂釣須知

一、每人只能用兩條釣魚杆（line or poles），或者是一條釣魚杆一個捕蟹的網。

二、每條釣魚杆只能有三個魚勾。

三、所有捕到的魚蟹大小和種類必須符合規定（有關規定可以在網上，釣魚地圖上或貼在碼頭上的通告中找到）才能自用，必須把不符合規定的放回海洋裡。

四、隨身攜帶可以測量螃蟹尺寸的尺，因為在你捕捉到螃蟹後，任何一名巡警都有權讓你出示量具，這種尺非常便宜，可以在任何出售釣魚用具的小店可以買到。

大浪拍岸，夕陽垂照　海邊釣魚FUN多多

　　碼頭有垂釣的優點和好處，那就是方便，安全。但是，如果有了釣魚的牌照，那麼就可以在加州的任何一段海岸線上釣魚捉蟹了，可以下水，可以攀岩，可以和全家一起在沙灘上嬉戲，一起享受日光浴，更可以和朋友一起欣賞日落，帶著滿桶的魚蟹，披著滿身的晚霞歸去。

釣魚牌照

　　在海邊垂釣最要緊的是有釣魚牌照在身。取得牌照非常之容易，不用考試，只要去買。一般的釣魚用品店都有出售。如果是加州居民，小小的牌照付三三‧三五美金就可以買到，不過要留意，但這種牌照只能在大洋邊釣魚，而不能在海灣內釣魚，因為聯邦政府和加州政府各自為政，都想取得水域的管制權。所以這也就是為什麼釣魚的牌照會有兩個部分。如果要想在海灣內也釣魚，只要另加五‧二五美金，那就能夠隨心所欲的暢釣無憂了。

釣魚環境

　　有了牌照，然後就要開始一系列的準備活動，例如，尋找幾個不同風景和特色的沙灘，買齊釣魚所有的裝備，當然如果是把釣魚當成是目的性的活動，首先要清楚那個沙灘魚兒容易上勾。

　　一般來說，要找一些多鳥兒覓食的沙灘，因為鳥兒喜歡吃海中的小魚，海洋中大的魚也喜歡尾隨著小魚，因為這是它們的美食。所以，一般來說，海灘上有鳥兒聚集的地方應該是理想的垂釣之地。另外，如果是以戶外活動為主要目的，垂釣只是附帶，那麼，挑選有特色的海灘可是重點了，例如，半月灣，就是一個很特別的海灘，全海灘找不到一粒沙子，全部是幼小的卵石！還有，如果是全家活動，首先要考慮是風景優美、微風熏日的環境。

釣魚工具及魚餌

　　釣魚的工具也頗有講究，著眼於什麼方式的釣魚。如果是海洋釣魚（Surf Fishing），這種形式的釣魚，要不魚兒不上勾，上勾的全部是大魚。因為這個原因，所以釣魚工具就要選擇結實的。魚竿的長度起碼7至12呎，在加上一個有份量的墜子，這樣的話，就可以把綁在墜子上的魚餌拋向遠處，而重重的墜子會帶著魚餌穩穩地沉下海洋深處，不會輕易任由海浪帶回岸邊。

　　如果是初學釣魚，建議可以買一些實用，較為普通的工具，等到有了經驗，同時覺得自己釣魚的興趣有增無減時，那就是到了把的裝備好好準備的時候了。可以買一個工具盒（Tackle Box），這樣可以分門別類地放上不同尺寸大小的魚勾，長短粗細不一的魚線，還有一些釣魚時可能會用上的小工具，如卷呎，小鉗子，甚至人工魚餌（lures）等等。

　　誘魚上勾，魚餌起了決定性的作用。魚餌有很多種類，除了用塑膠做的，有魚腥味的人工魚餌，多數人還是喜歡用小魚，魚肉或者是小八抓魚都是非常好的魚餌，美國人把這一類魚餌統稱（Bait）。這些魚餌不論新鮮的還是冰凍的，一樣管用。全部可以在超市或者釣魚用品商店買到。還有一種魚餌是小蟲子，也是非常好的魚餌，不過大魚不太喜歡，而且這種蟲子魚餌只有在專門的釣魚商店有售，而且也不是任何時間都有。

釣魚基本知識

如果是Surf Fishing，暖工作一定要做好，因為海洋的氣候除了風大，水的溫度也相當底。有專門的質地厚、可防水的釣魚服裝供應。

熟悉海洋漁獵季節的要點

每人只能用兩條釣魚杆（line or poles），或者是一條釣魚杆一個捕蟹的網。每條釣魚杆只能有三個魚勾。

所有捕到的魚蟹大小和種類必須符合規定（有關規定可以在網上，釣魚地圖上找到）才能自用，必須把不符合規定的放回海洋裡。

有兩個網站可以供參考。一個是加州政府的www.dfa.ca.gov上面有著有關全部在加州釣魚的規定，知識和資訊。另一個民間的網站，是受到釣魚愛好者歡迎的www.imhooked.com被譽為釣魚人的報紙，裡面不但有著所有加州釣魚的新聞和常識，還有許多釣魚人的經驗之談呢。

加州陽光最貴

其實，我崇尚自然，還有著最實際的原因，那就是……

如果要問加州最貴的是什麼，我一定會說是加州陽光。別人會奇怪，人人可以享受的陽光跟價錢扯不上關係，但有無想過，為了想得到加州的陽光，我們忍受著高消費的生活，所以我是個積極的戶外活動者，因為這樣才能充分利用加州陽光這美好的天然資源，使我們所付出的金錢得以最有效的回報。

我患有腳疾，不能跑、不能跳、更不能打球，對我而言的戶外活動，就是走走沙灘、溜溜小鎮、逛逛街會。上星期天，我們來到辛尼維爾社區組織的街會，這樣的類似遊園會的活動在灣區很多，每個市鎮都有。

街會佔據了幾條馬路，一個個小小的，但是統一的白色小帳篷一個挨著另一個，每一個都是吸引顧客駐足的小攤位。攤位多數是出售藝術品和工藝品，有大的像堵牆一樣的大幅裝飾畫，也有較小可愛的小油畫，有貴的咋舌攝影作品，更有經濟實惠的自製小陶藝；個人化的園藝工藝，和別緻的女性飾物；令人嘖歎那些設計製作都是出自個人之手，連客廳的檯燈，浴室的盥洗用品都製作的非常精緻而且別具特色。當然也有一些小公司的產品，例如皮包、服裝，不過也是平時在百貨公司見不到的款式。

逛街累了或餓了，都不需擔心，許多小食攤位，三明治、烤肉和玉米，香味撲鼻，幫你補充體力。雖然都是美國速食食物，但是在這種場合，卻是非常應景合適的。令人歡喜的，居然主辦當局還有啤酒和紅酒的供應，除了可以品嘗到特製的鮮啤酒和試飲紅酒，還有酒杯供應，只是需要預先購買酒券。

　　我們去街會，逛攤位並不是主要目的，聽現場表演才是首選，當天表演的是Joe Sharino Band，非常出名，已在加州贏得了十五次加州最佳樂隊獎項，演唱會的門票售價都不便宜，難得他們肯為社區服務，提供免費音樂會，我們做「粉絲」的，當然要去捧場了。

　　觀眾們早早的就把在舞台前的，圍著大圓桌子，頭上有遮陽傘位子佔據了，還有不少人自帶折椅或沙灘凳，外繞著舞台的週邊而放，還有不少傷殘者坐著輪椅來，大家都自覺留著中間的空地，希望可以聞樂起舞。

▌品酒賞樂是最適合我的戶外活動

表演者很會帶動氣氛，一會兒的功夫，中間的空地上已經擠滿了手舞足蹈的人們，此刻，低頭看，各式的鞋子，拖鞋，球鞋，皮鞋，涼鞋，高跟鞋五彩繽紛，隨著音樂的節奏在上下啟動，是的，差不多都是原地踏步，因為人太多。我倒是來勁了，不能跑、不能跳，但可以扭呀，音樂實在太棒了，令你不能控制自己的四肢，現場的氣氛也讓人不由自主的興奮，有伸展上臂的，有左右擺動腰肢的，有晃動腦袋的，揮舞著手中盛著酒的杯子的，什麼動作都有，在這一刻，所有的人都忘了現實世界的煩惱，個人的不愉快，工作的勞累，身心得到徹底的放鬆。在這一刻，令我覺得為加州陽光所付出都是值得的，因為陽光下的生活，竟是那麼的美妙！

黃金之路血肉築成

　　我們今天的美妙生活，離不開當年墾荒者開拓精神，是他們的血肉之軀鋪成了通向加州陽光的黃金之路

　　從舊金山去雷諾（Reno），中間要經過Sierra山脈，那是我最喜歡的路段，兩邊青郁的密林，參天的大樹，山麓邊流淌的小河，藍天白雲，高山流水，汽車沿著公路疾駛，穿梭在美麗的自然風景畫中。不過大自然在風和日麗的情況下當然是迷魅之致，但是她一旦變臉，殺傷力是不可估量的，可以把美麗的天堂變成吃人的地獄。一百六十多年前，一次前所未有的大風雪，把一群來自中部的

左：當年的積雪直達這雕塑者群的腳底
右：著名的Sierra山脈

淘金者，困阻了三個月，凍傷餓死無數，倖存者幾乎是靠了吃人肉，喝人血才得已生存，這個故事要從參觀當拿紀念公園說起。

當拿紀念洲際公園（Donner Memorial State Park）坐落在加州的Truckee，距離著名的太浩湖20英里遠。公園內有一座巨大的雕塑紀念碑和博物館，園內風景優美，一條同樣以當拿命名的美麗湖泊，湖內可以划船，滑水和釣魚，遊艇和帆船在晴朗的天空下馳騁，調皮的鱒魚在浪花間雀躍。公園內還設立了露營和野餐區，讓人們圍繞著美麗的湖泊歇息玩樂開餐，長達2.5公里的爬山小莖把熱愛爬山的人們引向遠方高嶺深處。因海拔高度的緣故，沒有含有毒素的橡樹，只有生長著西海岸獨有的海岸松和白冷杉等原始的樹木，所以這裡成了鹿、豪豬、花栗鼠、浣熊、松鼠甚至河狸等眾多野生動物的家。

漫步在公園內，穿梭在參天大樹林之中，要不是處處看到歷史的遺跡，怎樣也不會想到在這兒曾經發生過這樣悲慘的事。當拿紀念雕塑是一家三口的銅像屹立在高達22呎的石碑基座上。強壯的丈夫用自己的身體擋住自己的妻兒，用手遮擋著風雪，眺望遠方，彷彿急切地想找出一條出路。當時的險境可以從基念碑石碑基座高度想像到，因為當時大雪冰封積雪的深度就如同這座石碑基座的高度一樣，足足有20多米高，高過一個人。人們怎樣在這樣的環境下面生存，沒有避寒的屋子，沒有充饑的食物，況且，這不是一天兩天事，而是捱過兩個多月啊！

一八四六年，正是美國偉大的西部開發運動開始的時候，一群中西部的農民和探險者，離開自己的家鄉密蘇裡，帶著對加州明媚陽光的嚮往，滿懷著對明天生活的無比憧憬，拖兒帶女，全家上路，同道者組成了馬車隊，在春暖的四月一齊出發，他們以其中一家的姓氏當拿（Donner）命名，這就成了後來的當拿隊（Donner Party），總共有

89人。在行程中，為了趕時間，他們走了一條快捷方式，一條未經探測過的路線，卻不知是一個非常失誤的判斷，他們耽擱了最寶貴的幾個星期，等到來到今天的Truckee，已經十月份了，一切太晚了。

一場突如奇來的暴風雪，令馬車隊前進不得半吋。大雪封山了，白雪皚皚一片，他們只能選擇在筆峭的大石旁，用粗大的樹枝搭起小小棲身之處，燃燒火堆來取暖，但是食物沒有了，可以捕捉的野生動物早已冬眠了。母親們為了不讓懷抱的幼兒餓肚子，就咬破自己的手指河和耳垂，讓孩子吸允著滲出的血，來充饑和吸取一些營養。大人們取下腳上的草鞋，把編織在一起的牛皮底加上水慢慢地熬湯，這算是唯一的葷食。慢慢的，很多人抵受不住飢餓和寒冷，生了重病，越來越多的人一病不起，再也沒有起來過，這時候可以放入口得東西全部沒有了，為了生存，為了那些無辜的孩子們，他們考慮吃人了。根據倖存者的記載，有一家六口人，爸爸把所有可以吃的東西都讓給了妻子和孩子，不久他餓的倒下了，在陷入昏迷之前，他拉住妻子的手，再三叮囑，要妻子割下自己的大腿肉來餵孩子，他說：自己很健康，所以放心讓孩子充饑，不要去吃那些病死人的肉，吃了孩子的健康會有問題。這是美國西部最悲慘的故事了。當整個車隊等到外援救助的時候，89人只剩下48人了，倖存者，有的成了之後淘金熱大爆發戶，之後為了紀念屍骨不全的同行的親朋好友家人，他們設立了雕塑墓碑，並在一處歇息過的大石上，用銅板刻上了89人的全名。

先驅者的奮鬥，為後來的移民者開闢了廣闊的生存空間，他們熱愛新天地，也緬懷故鄉，唯一能縮小兩者之間距離的，還是美食……

義大利料理的魅力

　　世界上可以與中國餐館在數量與歡迎度
上並駕齊驅的只有義大利餐館，義大利披薩、
義大利通心粉簡直就是全球共通語言，義大利
是「吃文化」的強勢主流，因為背後有豐富的
食材與高超的廚藝支撐這個令人垂涎的美食帝
國，非用味覺你無法體會。

　　在紅木城（Red Wood City），那景色誘
人的海灣邊，海上點點帆船，悠悠蕩蕩，岸上
綠茵花紅，海風親吻著枝柳。坐在Arrivederei
義大利海鮮餐廳的窗前，手握一杯紅酒，耳邊
那動人熟悉的義大利歌劇的旋律，眼見窗外的
自然美景，心中砰然起對即將到來的美食的衝
動。看來，這家餐廳的主人，頗懂心理學，女
主人Adrian Priolo以燦爛的笑容，告訴我她的
餐廳開在這，主要是自己深深熱愛這塊土地，
因為實在和自己在義大利的家鄉有著太多的相
似，而她覺得在這美麗環境下最合適做的事，
就是開義大利餐廳，把自己家鄉的美食料理奉
獻給灣區居民。

▌義大利山葵根調料

義大利料理有一項共同的特色，就是烹調者與享用者的品味，對義大利人來說，「吃」不僅為了求飽足，更是生活中的重要構成元素與內容，因為尊重與講究美食的態度，造就了義大利料理的卓絕魅力，更進而成為義大利的文化內涵之一，其豐富處不下於繽紛的文藝復興成就。

　　Arrivedere開業以來的成就是怎樣呢？Arrivederei的顧客以白人居多。美國社會瘋狂追捧的著名美式足球隊舊金山49，不僅是這兒的長客，而且把Arrivederei當作比賽勝利時慶功，閒暇日可以享受的聖地了，在今天，如果你聽電台也好，朋友和你說起也罷，如果他們說的是，今晚去吃灣區最好的牛扒，或是去享受海灣最好的螃蟹慰勞自己，不用向他們打聽地點，八九不離十，他們去的就是Arrivederei。

　　Arrivederei的菜式蠻符合中國人的口味，不像其他西餐廳的那麼肥膩，有的更類似中國菜，清淡鮮美。例如Arrivederei的主要招牌菜，牛扒按照客人的喜好可以煎成不同生熟程度，不過伴碟醬料Horseradish，奉勸大家都要嘗試一下，因為絕對有驚。Arrivederei的義式廚師沙律，雖然基本材料也是用蔬菜，但放入了大量的水果以及雞蛋和蝦仁，不僅在色調上五彩繽紛，而且從營養成份均衡，口感也豐富多了。

　　還有Arrivederei的焗螃蟹，不但完全沒有起士，令人驚喜的還有鮮甜的湯水，初看還以為是蒸出來的，其實是用烤爐焗的，再加上雞湯，怪不得如此鮮美。如果盤裡尚有剩餘的湯汁，不妨學義大利人用碟邊的餅沾湯汁吃，不但充分吸收菜肴的精華，對於廚師的手藝也是一種讚美的方式喔！

　　如果就世界上最受歡迎的三大菜系——中國料理、法國料理、

義大利料理做個比較，口味可說各擅勝場，難分高下；但說到餐館用餐的氣氛與禮儀，中國人隨遇而安，口味好最重要，裝潢、陳設、規矩則隨意；法國人喜愛排場，處處講究擺譜，長短刀叉、大小杯盤林林總總，非讓你頭昏不可；義大利剛好取其中，因為吃飯這件事情如此重要，加上義大利人天生的熱情豪放，融洽而自在的用餐氣氛讓你可以敞開胸懷大吃大喝，所以去Arrivederei用餐，絕對不用太過於拘謹，而是可以盡情享受。如果你酒量尚佳，建議你可以點一瓶葡萄酒佐餐，義大利的任何餐廳都有品質不錯的葡萄酒，尤其是在Arrivederei，酒吧內各式的酒應有盡有。Arrivederei的另一特色，是他的開放廚房，如果客人有興趣的話，可以做在廚房區外的凳子上，一面欣賞美食，一面觀賞廚師的操作。

📝 美食筆記本

位址：487 Seaport Court Redwood City,CA 94063
電話：（350）568-0211
網址　www.arrivederiandbella.com

Umami的牛排餐

　　要品嘗一餐食物有質素且不失浪漫氣氛的晚宴，花費肯定不菲，但要想可以嘗到能感受出廚師追求品味及情趣的熱情滲入其中的精緻菜式，卻不是有錢就一定可以買到的。幸運的是，我遇到了，Mario牛羊排屋，五星級的菜式，二星級的價錢，一個月之內，我去了三次，從南灣的聖荷西到舊金山，好的餐廳是值得專程前往就餐的。

　　牛排屋，是西餐廳級別中最高級的了，西餐分很多的派系，義式、法式、俄式等等，雖說是現在流行crossover，但我依然可以感到Marios的牛排那股泰晤士風味，因為Marios的牛排多汁鮮嫩，有著特有的香味，英國人在牛肉類方面是有特別的偏好，例如（ROASTED BEEF），掌握烤爐的溫度恰到好處，能將肉汁鎖住，入口有肉味，習慣在食用時附上時令的蔬菜、烤洋薯，磨菇汁的菲力牛排Filet mignon，Mario' Filet mignon（香港人口中的菲力牛排）大小正好，肉質是那樣的柔軟兼彈性，又不失牛肉的原味，裹著有著東方明珠上海赤濃醬色的磨菇汁，混合了甜美的肉汁，每咬一口，都會在嘴裡盤繞多時，讓味蕾盡情享受，蘑菇用的又是我偏愛的新鮮香菇，吸允足了汁水，味香濃，過足隱，而拖曳了點點湯汁的細膩薯泥，更有不同的情趣，這道菜既有傳統的功夫，又有時尚的創意，口感多重且特別。

　　牛肉的等級分的很清楚，美國農業部根據肉品的成熟度及大理

石紋脂肪（油花）含量，將牛肉評定為八個等級，最好的兩個等級才適用於牛排，分別是Prime極佳，Choice特選，而Prime意味著油花紋路最細緻，多餘脂肪最少，纖維最鮮嫩的肉質，目前只有少數五星級飯店及高級西餐廳，採用Prime級牛排。以我的經驗，其實就像海鮮一樣，牛肉最要緊的也是新鮮度，因為牛肉是紅肉中最敏感嬌貴的肉品，加上恰到好處的烹調，就絕對好吃，吃過人便可以分辨出個中的差別。當然吃牛排另外非常重要的一點，雖說牛排多少生熟是依照各人的喜好，但絕對要考量牛肉的不同部位；菲力牛排取自長長一條的「腰內肉」，相當於豬的里肌肉部位，是牛身中運動量最少的一塊，所以質地超嫩，脂肪含量少，因每頭牛就那一小條而「物稀為貴」，又因得到女士的寵愛，被稱為女士的專用。專業大廚的建議，精瘦的菲力，宜三至七分熟為佳。

和廚師聊天，果然不錯，她雖說是新加坡人，但卻和同樣是大廚的丈夫，在倫敦開餐廳有幾十年了，丈夫是她的老師，至今最懷念的還是以前和丈夫一同共事的時候，雖說他們常常為保持傳統還是創造新意而爭執。

Mario的牛排有特色，羊肉做的也非常不錯，首先無論羊腿也好，羊排也好，上桌時聞不到羊肉的味道，羊肉鮮活，腴嫩多汁而甘美，令人喜不自禁的，隨羊排上桌的竟然有薄荷油脈。

Mario's Steak And Chop House，正像她的名字Mario's的含意，一顆未經雕琢的鑽石，因為才開張不久，還未被人發現。如果讓我用一個字來形容在Mario牛羊排的體驗，那就是Umami，意思是非常美好的鮮味，尤其是形容肉汁味道，是不同與酸甜苦辣的味覺。

我欣賞的烹飪哲學，就是全美十大名廚松久信曾所說的：細膩而不複雜，盡量凸顯食材的高品質。

甄能煮，你也能煮！

　　「甄能煮」（Yan Can Cook）是美國長壽的烹調節目，主持人甄文達先生主持了超過三千多集的烹飪節目。沒有什麼美國人不知道的Martin Yan，可以把他稱為飲食界的成龍，他不僅是把中國菜烹飪節目搬上美國電視並普遍受歡迎的第一人，也是在美國擁有最多觀眾的華人，他以豐富的學識，高超的廚藝，流利的英語主持的「甄能煮」（Yan Can Cook）電視烹飪節目，風靡美國，加拿大，香港和東南亞等國家和地區，他出版的食譜，風行暢銷，還得到了很多國際獎賞。他的許多烹飪節目都獲得獎項肯定，包括「甄文達會做菜」、「甄文達——快又簡單」、「甄文達的中國城」和「美國料理鐵人」。美國餐飲協會稱甄文達為超級大廚師。甄在同業中獲得大廚的特別榮譽，曾被The Chef's Association of Pacific Coast授予聲譽極高的Antonin Careme榮譽獎。因為他對飲食和餐飲業的研究與推廣貢獻，甄文達和美國明星級廚師柴爾德（Julia Child）被科羅拉多廚藝學院一同授予榮譽博士學位（一九九九年）等十多項飲食界榮譽。

　　他同時也是廚藝作家，至今出版了26本食譜，其中5本獲得世界性獎項。其本人曾獲美國廚師聯合總會提名為第一任烹飪大使，分別被加州烹飪學院、莊遜·威爾斯大學、舊金山大學等多所高級學府聘請任教；一九八五年他在舊金山成立以他名字命名的國際烹

飪學校，並擔任許多大食品公司與餐館的食品顧問。他在節目最後總帶一句「Yan Can cook，so can you，tzai jian」（甄能煮，你也能煮！再見！），被觀眾廣為流傳，現在節目在75個國家播放；從此奠定他在國際飲食界的地位。甄文達一向致力向全球推廣中華烹調文化及技術，並活躍於教育及出版的工作，努力培育下一代。除擔任電視烹飪節目「甄能煮」的主持人外，早在一九八五年，他已於加州福斯特城成立了「甄氏國際烹飪學院」，教授及推廣中華廚藝。他歷年來的烹飪著作超過20本；以其獨特的幽默風格引領讀者走進中華烹飪藝術的世界。

　　我認識甄文達還是在香港居住時，他的烹調節目「甄能煮」是我非常喜歡，生動風趣，他的節目能讓你感到烹飪是一種可以玩的藝術，記憶最深的是他那把菜刀，好像在表演刀工，帶著聲響，大家不要以為是看武術表演的棍棒刀劍飛舞時的風聲，而是他故意用刀在菜板上弄出有節奏的響聲，他有次接受採訪說，此舉是為了怕學生在下面睡著，誰知被西方人當做了特有的風格，他簡單幽默的用語，招牌笑容，也是了他烹飪節目的特徵之一。

　　今年來他的節目節目加上了中國旅遊，伴隨攝製隊到中國各地，拍攝當地飲食文化、食店、夜市等，帶觀眾親看材料養殖、採集，有時並滲入當地民間風俗文化，記得他還介紹了自己的故鄉廣州，原來他很小的時候對烹飪有興趣，是和父母的職業有關係，他爸爸是為餐廳老闆，母親關於飲食烹飪的心得和教誨，他銘記至今。媽媽對食材的新鮮非常執著，每天親自去市場採購，以至早年他買回家的冰箱一直無用武之地，當成儲物櫃被冷淡擱一邊。

　　在舊金山一次美食品嘗會上，我終於和欣賞了差不多二十年的Martin見上面了！那天，他帶了眾多名流參加了此次的美食盛會，

▎Martin在電視上教課

多數都是他的擁躉，還興致勃勃地客串了晚宴主持人，笑珠連串。
當他知道我是他的粉絲，來自香港，他成長的地方，大喜於色，忙
不迭地說：「那我們應該拍一張親熱點的照片」，當我們頭靠頭、
肩並肩地合影時，我發現那天我們倆穿的衣服居然如此合拍，同一
式樣的唐裝，雙排扣的，黑絨面，真絲滾邊，一紅一綠，好像情侶
裝。後來我偶然在網上發現，他和我的另一位偶像張艾嘉合拍電影
《海南雞飯》後接受電視採訪時也穿著同樣那件唐裝，更是喜出望
外。那天晚上，捧著他送我的烹飪書回家，美美地樂了很久。

中菜西吃

　　如果留意的話，可以發現，有著千年歷史的中華美饌早已起了變化，越來越多中菜西吃的菜品出現在美國傳統的中餐廳。以味為本的中國烹飪技術，結合了西餐的科學合理的配菜方法，使菜肴在創新、品種搭配、營養配備之中進行了轉化。另外在盛器、裝碟上試行了西化分餐形式的嘗試，這是因為伴隨人們健康需求層次的上升，對食品的要求也越高，如果要保持一家餐館對顧客的吸引力，除了美味，還必須把食物的營養保留得更純粹均衡，入餐方法也需要相應的科學。為此，灣區名廚，人稱華哥的衛志華先生曾就這個美食新趨勢分三個方面談了自己的看法。

一、烹調技巧

　　西菜精髓，以法式、美式、俄式、德式和義式為五個較大的流派，每個流派均有不同的特點和不同的烹調方法。如法式講究用料，做法精細，歐美式英國菜不重油，而強調調味，以鹽、胡椒粉、沙拉油、醋、辣醬油、番茄沙司為主；美國菜則調料多樣，喜用水果做配料，有鹹中帶甜的特點，以香見長；俄式油多味重，重奶重酸，自有醇味，義式講究原汁原味，酸甜適度，鮮香可口，德式選料精細，講求技藝，口味鮮美。五種菜式代表了整個西菜系列

的獨特風格，它與中式菜肴自有各異的飲食習俗和飲食文化。傳統的中餐過分注重飯菜的意、色、形。

中國歷來的烹調技術首先在於追求美味，所以，加工過程中的熱油炸和長時間的炆火都會使菜肴的營養成分遭到破壞，還有，單純的追求美味可能使菜肴出現不科學的原料搭配。華哥介紹說，用爆、焗、燴、燻等西式烹任技藝來烹調傳統菜，是一個很受歡迎的一個做法，就拿中國菜中的螃蟹為例，傳統的做法都是濃味，如薑蔥炒蟹，大笪地炒蟹，避風塘炒蟹等等，放入了大量的輔料，以味濃香郁取勝，而西式的做法，多數以焗，強調在烹飪過程中保持原有的營養成分和原有的味道，相對突出了蟹肉的清甜，同時也符合了人們口味轉淡的變化。

二、食材用料

相對而言，西餐講求食物的營養成分、蛋白質、脂肪、碳水化合物、維生素及各類無機元素的含量是否搭配合理，熱量的供給是否恰到好處，以及這些營養成分是否能為進食者充分吸收，有無副作用，不但追求清淡少油，更強調採用新鮮原料。華哥介紹說，西式烹調非常注重原料，例如中西式菜均有的烤肉，中式的烤肉一般都會使用炭火，而西式的烤肉卻使用果木煙燻，增加肉的鮮嫩和香味，不同的果木也帶來不同的煙燻效果，例如山木桃木（Hickory Wood）發煙最大，櫻桃木（Cherry Wood）發煙最淡。目前在灣區，廚師們也越來越講究使用有機食物，配料方面也常用新鮮的蔬果，甚至儘量使用新鮮的蔬果汁替代傳統的醃調料，例如華哥製作的金沙排骨，是一道非常傳統的菜式，他用了新鮮的柳丁和純蜜調

製的醃料取代蘇打粉和傳統調料，利用新鮮醃料中的果酸來使肉排更加鬆嫩可口，營養價值也更高。

三、菜式呈現

　　中國人用餐注重團圓，喜歡熱鬧、習慣於大堆頭八大盤十大碟擺滿一桌，十多個人圍坐在一起共同用餐。而西餐是採取分餐式，菜點全部為一人一份，統一由廚房分裝，每人一盤，一刀一叉，這樣的用餐形式可以保證飲食衛生，也保證了腸胃不會過於飽脹。華哥介紹說，中餐擺盤以平面的圍碟花草為主，而西餐裝碟偏重立體感，以食物本身作為主要的觀體，利用不同形狀的碟去盛裝，盆碟愛用不同類型的白胎碟，來配合食物。華哥強調一點，西餐的另一特色是西菜菜式排列分明，以頭盤（Appetizer）或稱為前菜作頭，分別為開胃小食，沙律或湯類，隨而再是主菜（Entrée）或稱為大盤，最後是甜點（Dessert）或乳酪〈有些餐廳還提供六個甚至是十二個菜式的試食餐單（Taste Menu）給予顧客選擇，量少款式多，可以一次品嘗不同菜式。拼盤及中式的臘味點心盤，非常受顧客歡迎。

　　中菜西吃，須有眾多的因數配合，除了就餐環境的優雅，使用器皿講究，菜品顏色的搭配，食物擺盤形狀的多變外，優質的服務更缺少不了，所以不是每一家餐館都可以做到的，但我們仍期待著以西餐的方式享受盤中的中國菜，因為中菜西化，菜品有了創新的口味和更美的品相，不僅體現了飲食時尚，也是世界美食新潮的趨勢。

總編的話

　　關於吃，近年來已形成了一種講究品位的潮流。人們不再津津樂道於食譜和聚飲歡宴了，卻對食物的基因、飲食的文化興致盎然，並以吃的健康為基點，在吃的過程中加進了情感，重組了記憶，尋找食尚的新靈感。《品》就是應運這股潮流而誕生的一本全新理念的食尚文學雜誌，美食品位的新寵。

　　生活不只是一代又一代的周而復始，如同羅丹所說：「生活中不缺少美，缺少的是發現美的眼睛。」因此，我們邀請了一些對烹飪和食物有熾熱之情的專業人士和作家為我們的雜誌撰稿，因為只有她們才會用豐富的知識、敏銳的觀察、優美的語言寫下情色意味的句子；引導讀者從關註健康美味開始，循著人文脈搏，去發現更多、更廣泛的食趣情趣，重新品味生活。

　　「品味軒」，以不同的視點介紹飲食文化，話說鯉魚何以在中國食俗中奠定了地位，探討內含的人文情感。「飲饌風流」，憑籍飲食，採訪文化名流、商業精英，分享他們對美食的體會及對人生看法。太子行總裁楊應瑞用四個字概括了他的一生：「簡單」和「感恩」，全文讀來感人。

　　「風花雪夜」是為海外華文女作家協會而設立。分布在18個國

家的100多位會員將會以充滿魅力的文筆讓讀者領略世界各地的美景和佳肴，進入她們的夢想世界．在科學家彭順臺的小說「咖啡和香水」裡，除了聞到了咖啡與香水的芬芳，還讓我們看到了矽谷人情感生活的畫面。「名店特色」介紹明苑餐廳51年歷史，堪稱矽谷華人社區的縮影。

「保健站」處方箋專欄由專業藥劑師綺翔教讀者取捨保健藥品的常識，言簡意明。冰清從有機蔬菜開始講起，讓我們可以馳騁在「有機天地」裡。全美茶文化學會創會會長黃楷棋一文「知茶、識茶和品茶」，普及茶文化，傾訴「中國茶藝」之優美。

「名家專欄」，著名美食作家周芬娜帶大家沿著奧斯卡得獎電影「Sideways」裡的主人公所經歷的酒鄉之路，領略人生如酒的生活哲理，細細品嘗美酒，把握生活的每一天。

《品》2008年3月期（創刊號）

堅持美食理念的人們

美食能長存，正因為有這些堅持理念人們的努力

乾炒牛河保衛戰

乾炒牛河是著名的廣東特色菜，以河粉加牛肉芽菜等配料等炒成。是粵菜酒家和港式茶餐廳的必備菜式。

河粉是用大米的米漿蒸成透明的薄粉皮，再切成寬頻狀，爽軟韌筋兼備，炒、煮皆宜。

這麼一道中國傳統特色的菜式，差一點在加州被禁。前一陣子，加州衛生局調查員在做突擊衛生檢查時，發現舊金山一家生產河粉的食品廠，在配送過程中並沒有將河粉冷藏在四十一度以下之食品廠，他們認為觸犯了法律，禁止該廠商出貨。加州法令規定，河粉、麵類產品必須儲存在四十一度以下、一百四十度以上的環境裡。

剛做好的河粉

消息在華人社區掀起了軒然大波，如果按照法律，把每天製出的新鮮河粉如果放進冷藏庫，那就會徹底就改變河粉的質地，下鍋一快炒就容易斷裂，口感也會完全不同。中國人都有這樣的經驗，在餐廳打包後的麵條飯類食物，多數第二天從冰箱翻熱會更入味，但河粉就不行，從冰箱拿出來的河粉，原有的口感就被徹底破壞了。

加州衛生局要求河粉冷藏的原因是這是一種具有水分的產品，在常溫下容易變質。事實上雖然河粉有一定的濕度，但河粉是煮熟的，成分也只有澱粉這麼單純，沒有麵粉製成的麵條的蛋白質含量那麼多，新鮮河粉存放室溫八個小時以內，不會有安全方面的問題。況且河粉都是當天做當天售完，從不會屯積。河粉檢驗樣本也證實，新鮮河粉就算未經冷藏，也並未有細菌滋生。

以加州的華人參議員余胤良為首的華人社區，打響了一場河粉保衛戰。余胤良公開表示，法律除了應該與時俱進外，更應該具有多元文化敏感度，適時為各種族裔傳統進行合理的調整。他向州長提出修法，調整當局的河粉在運送過程中需冷藏的硬性規定。美國主流社會家喻戶曉的中國名廚甄文達也在電視報紙上大聲呼籲，指出「新鮮河粉不只是食物，更是亞裔文化的一部分。」

美國人對新鮮的定義和我們中國食文化有著天壤之別，我是深有體會的，在我們家，開過的瓶裝水，剛喝了幾口，過了一、二個小時，就被洋夫以不新鮮的為理由，倒掉了。我們家除了聚會，從不買大瓶的汽水，因為家裡的洋人只要看到沒有什麼氣泡了，也會倒掉，因為，氣泡對他們來說，就是「新鮮」的表示。有次夏天，我沏了壺好茶，就出去辦事，準備回家後有涼茶可以喝，誰知回到家，一看壺空了，我還以為洋夫喝了，誰知茶是被他「處理」了，理由是，不放冰箱的東西，都是不新鮮的，我聽了真是哭笑不得。

其實，河粉不是唯一的遭到質疑的中國傳統食品，華裔愛吃叉燒、烤鴨等也因為多存放在室溫之下，曾經引起衛生當局關注，但後來事實都證明這些食品並不會民眾健康造成影響而被美國人接受。

余胤良已經提出了河粉議題的提案，他指出：河粉的製作過程已經不是一種食物的製作方法，它是亞裔文化的一部分。禁止河粉

▌炒牛河是河粉的經典菜式

以古有的方法製作，就是不了解我們的文化。當我們解釋這就是我們的古老方法以及提出各種證據證明河粉的安全性後，還繼續要求遵守冷藏規定，這就是不尊重我們的文化。灣區有這麼龐大的亞裔人口，以這種不包容不尊重的態度執法，我們社會要怎麼能夠和諧相處沒有種族歧視呢！

火雞中吃滋味多

　　中菜可以西吃，感恩節也可以洋為中用。感恩節餐桌上的火雞，體積龐大，口味單一，何不略施小計，以整化零，醬攻蜜汁，湯水吊味，用中式的烹調法重新炮製火雞，可以吃出火雞多種新滋味。

　　把火雞（剩餘的也可以）分成三大類，雞肉，雞大件（火雞腿或翅膀）及雞骨頭，至少可以烹飪成三菜一湯的美味佳肴。中國胃在此刻一定得到最大滿足。

開胃沙律

　　把新鮮的各式蔬菜鋪在碟上，適量粉絲燙熟冷卻後放在菜上，取靠近火雞胸的肉撕成絲置於粉絲上，吃時灑上炒香的芝麻，攪拌均勻，再淋上特製的醬汁，酸甜有餘，清新香辣。此菜看似簡單，但醬汁的做法頗有心思。市面上現成的沙律醬多數卡路里很高，所以好些人在吃蔬菜沙律的時候，用橄欖油和蘋果醋來替代沙律醬的主要功能，這次開

▌火雞絲粉絲蔬菜沙律

胃沙律的醬料，也以蘋果醋為主，用義大利沙律醬和甜酸的辣椒醬加稠醬汁，放稍許海鮮醬油增加鮮味，糖和辣椒粉因人隨意。即健康又口味特別。

蜜汁雞腿

用冰糖兩塊加一碗水化開，加上老抽、蠔油各兩湯匙，稍許生抽拌勻，做成蜜醬汁，放入雞腿，小火燜煮，不斷用調羹把汁淋在雞腿上，十至十五分鐘，直到蜜汁收濃變稠，伴以幼嫩煮熟的蔬菜上碟。

烤製過的火雞腿配以特調醬汁，以慢火醃浸方式，到嘴的火雞，蜜稠黏嘴，香味留於唇齒間，別有一番風味。色彩鮮艷的配碟菜，強化了色彩，會引起食欲大增，糖醋紅蘿蔔，和鹽水小椰菜更可調劑口味的變化。

回鍋雞塊

中國人大凡飯不離口，這一味菜專為在西方節日裡懷念米飯的人們準備，鮮辣刺激，濃汁撈飯，佐以中國酒，他國過節，過癮家鄉菜，充滿了鄉情味。

材料：

新鮮大磨菇若干個、尖頭青椒3個、大紫洋蔥半個（小洋蔥一個）、甘筍仔10個、火雞剩肉一大碗。

做法：

把全部材料切成塊或片，用烤火雞剩下的油汁爆香洋蔥，然後

作一放下青辣椒甘筍仔片，磨菇片一齊爆炒，放下瓶裝回鍋肉醬兩湯匙（或袋裝的兩小包），中火不停地炒拌，在加老抽少量，蠔油一湯匙和少量糖，最後放入火雞塊，一是因為火雞已是有鹹味的，二是已經烤熟了，再炒一分鐘左右，就可以上碟了。

箭花雞湯

剩下的火雞骨頭和所有的碎肉，用來褒廣東老火湯最適合不過了，即把火雞的營養價值充分受到利用，又可以潤一下節日酒菜過度的腸胃，可為一舉兩得！

▌劍花火雞湯裡的劍花很好吃

材料：

半包霸王花，3個羅漢果，多粒乾蜜棗，適量枸杞子。

做法：

霸王花在褒湯前除了洗乾淨外，還需用滾水出水再洗一次，然後和火雞骨頭、肉、羅漢果、乾蜜棗和枸芨子一齊放入大褒內，放水至淹沒材料，開大火至水滾，中火褒兩個小時，放小量鹽。湯清甜，去躁熱，潤肺健脾。

飲食知識：

一、火雞

火雞以其體形大，生長迅速，抗病性強，瘦肉率高而受人矚目，可與肉用雞媲美，古人向來都尊雞為羽族之首，《神農本草經》上曾把雞列為上品。火雞肉不僅肉質細嫩、清淡，營養價值

特別高，火雞蛋白質含量較高，在30%以上，其脂肪屬軟性，含量低，僅為1％，不會增加血液中膽固醇含量，火雞肉的熱量只有豬、羊、牛肉的一半不到，並內含高量的多元不飽和脂肪酸。火雞肉被認為是心腦血管疾病患者的理想保健食品，同時，火雞肉也是益氣補脾的食療佳品。目前，世界上有許多國家以火雞肉代替牛肉、豬肉、羊肉和鴨肉。

二、霸王花

霸王花又稱劍花，花大有穗，成熟後呈淡黃色。其根莖特別發達，攀爬能力很強，也稱「量天尺」。霸王花喜溫、喜濕、病蟲害極少，是一種生命力強、管理方便的仙人掌科植物。它具有豐富的營養價值和藥用價值，對治療腦動脈硬化，心血管疾病有明顯療效；具有清熱潤肺、除痰止咳、滋補養顏的功能，是極佳的清補湯料。廣東人習慣用它煲豬骨，加上蜜棗或少許羅漢果，煲一、二個小時即成老火靚湯。既清甜芳香又有益，尤其適合長期吸煙飲酒的人士。

擔待的人生

問100個女孩，在做香港明星和經營中餐廳的兩者之中選擇，99位女孩子都會挑選前者，而林敏俐——二〇〇二年的香港小姐卻選擇了後者。履行了一年香港小姐的合約後，她居然放棄了如日中天的明星生涯，回到美國完成學業後，就一頭紮進自家開的中式餐廳，任勞任怨地過起了平凡的生活。

▌採訪合影

「出爐港姐冠軍林敏俐，昨日出席了連串頒獎儀式，開始她忙碌的姐港生涯。林敏俐早上先到康泰旅行社領取旅遊禮券，之後趕至尖沙嘴美麗華酒店與記者見面，再趕往機場富豪酒店領取本田Jazz四人小房車，價值十萬五千元。此外，冠軍獎品還包括雅居樂洋樓一層連住客會所總值六十萬元，加上價值一百四十萬元的金鑽後冠，統計後她所得的獎金獎品總值共二百七十萬元，一夜之間名利雙收。」

▌她家美味的港式菜肴

上面是一段當年報紙對新任港姐首日的報導，那年正是香港小姐競選三十周年。三十年的香港小姐選美史，圓了無數天真少女「飛上枝頭變鳳凰」的夢想。得到港姐的頭銜，只是鳳凰展翅的開始，多年來，美貌和智慧並重的港姐們，不富則貴，風頭沿續數十年的大有人在。林敏俐在決賽當晚囊括冠軍、國際親善小姐、新世代美態三項獎項，第二年又得到了國際華埠小姐亞軍的稱號，參與演出了兩部電視劇《美麗再望》和《追魂交易》，和一流的明星演對手戲，仕途通暢，但她卻毅然在禪任之後，拒絕了到手的名星合約，回到了美國加州。因為她惦記著家，惦記著過世的父親為這個家一手辛勤創立的餅店和餐館。

　　認識敏俐時，我還在報社當副刊記者。記得有天頭版的整版廣告引起了我的注意：「富林魚翅海鮮酒家喬遷福斯特市，重新裝修後於六月九日對外營業。」這樣的廣告應該出現在飲食版的小廣告欄目，隱約覺得背後會有故事，於是，我主動申請了採訪，並以「粵菜多元飲食風尚」為題寫了報導，以下便是其中的一段。

　　　「富林魚翅海鮮酒家是ABC集團其中的一家分店，在灣區經營已有一段相當長的歷史，餐廳的東主陳敏俐小姐年紀輕輕，獨當一面，原來從小就耳濡目染父母經營之道。從一家餅鋪開始，發展成為實力雄厚的集團，其中的路途並非平坦，但她卻對中華飲食有著濃厚的興趣，立下志願繼承家族生意，加以弘揚，為此她放棄了當選香港小姐後，在香港娛樂圈發展的機會，回到灣區，努力實踐自己的目標，富林魚翅海鮮酒家的新張，就是她的傑作，從裝潢到布置，菜式的設計和價格的擬訂，甚至是對喜筵派對一條龍的服務，都

親身參與，她的目標，讓不同階層的人都有機會品嘗中華美饌。

餐廳面對海灣，周圍花叢綠茵，堪稱花園中的餐廳，環境特佳。餐廳共分三大就餐區，一是外廳，寬敞明亮，二是偏廳，布置幽雅，三是宴會廳，隆重華麗，家庭歡聚、公司宴會、喜筵派對，可以同時舉行，各不干擾，相得益彰。餐廳廚房由頭廚周炳銳帶領，梁根潮、伍金泉輔佐，他們各自在晚宴，燒臘和點心的不同餐飲部有著獨特的經驗。他們在保持傳統的粵菜工藝的同時，屢屢創新，為客人所稱道。」

採訪結束後，我以一個香港人的八卦心態詢問敏俐，為什麼放棄在香港的豐富多彩的娛樂圈生活，她的回答令我震撼，她說：「因為我忘不了爸爸當年創業的艱辛，我要把他未盡的事業進行下去。」明白了，那頭版的廣告不是宣揚家底的富裕，而是彰顯餐廳在自己心中的分量！那時，我就和她相約要為她做一個封面故事，沒想到，一等就三年。

敏俐的故事是從她8歲那年說起，她還記得那個畫面。在香港西環的家裡的客廳，那天，爸爸、媽媽很嚴肅地告訴她和妹妹，為了她們的將來，爸爸將會到一個很遠的地方去工作，馬上就要動身。很遠？有多遠呢？敏俐看著客廳裡大水族箱內金魚歡快的遊弋，心裡不安起來，平時想要見爸爸已經不容易，那現在不是更見不到爸爸了？

一個月後，爸爸從美國舊金山寄來了照片和信，他把頭髮全剃光了，表示已經把以前在香港的一切都忘記了，決心在美國再創一番事業，並答應很快會把母女三人接去美國。果然，半年後，他們

全家在美國團聚了。

　　敏俐的父親是香港一位非常有生意頭腦的資深傳媒人，和大多數港人那樣，在當時，對於前途的憂慮，林敏俐全家於一九八九年移民舊金山，初到時爸爸中山先生創辦的一份報紙《少年中國晨報》任職，很快地大膽地買下了在唐人街的餅店，開始為自己的諾言而奮鬥。

　　敏俐清楚記得當年父母是怎樣早出晚歸，齊力奮鬥的，一情一景歷歷在目。由於經營有道，生意亦有聲有色，他們家開了二間高級酒樓和三間茶餐廳，創立了「ABC飲食集團」，在飲食界打響了名堂。

　　當年中國城的老街坊都還記得三個可愛的女孩，在店門口唱的兒歌招攬路人：「ABC月餅，金山最出名，人人都說好。」

　　父親很注重對孩子們全方位的培養，從小教她們不要怕羞，不要怕事，為了讓她們能講一口流利的英語和更好地溶入本地社會，特意把家安在離中國城很遠的白人區，入讀的也是白人學校。是父親很早的時候就交代敏俐在21歲是要回港參加港姐的競選，他認定女兒一定會選上，果然不出他所料，可惜的是，英年早逝的父親並沒有看到女兒在台上領獎的那輝煌的一刻。

　　參選港姐的經歷，讓敏俐開闊了眼界，思想更趨成熟，也更瞭解父親對自己的一片苦心。她覺得自己是長女，應該挑起家庭的擔子，不能讓媽媽多操勞，為妹妹們做出好榜樣，她更沒有忘記父親要把時尚港式餐飲模式引進舊金山的雄心。回到美國後，敏俐返回到大學，先完成了學業，才開始專心發展自己家族的生意。所謂時尚餐飲模式，不但講究菜式的的味道和出品，更注重環境和服務。在香港的日子，她作了有心人，四處觀摩研究，加上從小對這一行

的耳濡目染，操作上來得心應手。把集團生意打理的頭頭是道。

　　不知是先天生成還是後天得到，敏俐有大將之風。為人低調、沉穩、做事從容，但魄力十足，最近她在商場的大手筆，莫過於要在聖馬刁的市中心，猶如香港的銅鑼灣鬧市地段，開一家大型的港式茶餐廳。「敏俐，有沒有絲襪奶茶。煲仔飯？」我急切的打探。「有，什麼都有，香港茶餐廳有的，我們都有，還有宵夜供應。」敏俐微笑一如往常，真誠熱情：「到時請你來品味」，說實話，根本不用請，開張的那天，我一定飛撲而去，留位給我倒是真。

　　同為香港移民，對本地飲食業的欠缺，我們身有同感。作為飲食媒體的一份子，我深知敏俐的付出的艱辛，這份擔戴的沉重。作為在美國的中國人，看到了中國飲食文化在這樣美麗和智慧並重的有志之士手中承先啟後，我欣喜。加油，敏俐！

老克拉的經典上海菜

　　「老克拉」，是上海人用來稱呼那些對舊日上海的「貴族化」生活有體驗，身分不一般且閱歷較深、生活方式蠻有「派頭」的人。「克拉」是英文class的洋涇浜語，class的本義是等級、階級，舊時人等級觀念極強，有財產、地位的人或家族才能擠入class之列，而class的另一個函義就是古典的、經典的。如今「克拉」也多用形容經典的、上品和上檔次。

　　舊金山老上海餐廳的東主樑鴻祥先生，就是我所認識的典型的上海「老克拉」。梁先生移民來美國已有五十年，和許多有頭腦的上海人一樣，經營生意有方，相信是一位絕對在class之列的人，尤其對吃，不但講究好，更講究精。這也就是他為什麼會開一家上海餐廳，近兩年來，還自己親自回國採購特產食材，積極推出上海傳統的名菜，目的就是為了和自己一樣思念上海菜之經典的灣區的老克拉們，重溫昔日的美味佳餚。

　　老上海餐廳開業至今已有八個年頭，以供應上海菜為主，也有適應五湖四海人士口味的川、粵、京等各地特色，東主的生意經，如果顧客人均10元左右，可以保證吃得好，如果想吃得精，那再加幾元也辦得到，例如上海香酥鴨、紅燒划水上海油醬蟹、三鮮蹄筋、蟹粉獅子頭等等，都是根據季節由上海直接速遞食材而做，物以稀貴，貴的有理由，何況是有錢還未必買得到。

餐聽布置典雅，門口的古董收銀機，牆上上海灘的老照片，三十年代的招貼畫，都一一傾訴著主人的老上海情懷。餐廳樓高二層，樓上主要為包房酒席所用兩年前，為了配合上海經典菜的推出，梁先生特意聘請了上海大廚配合，為了更多的人嘗試大廚的手藝，在平日的中午，老上海也供應特價餐點。

　　上海菜，上海人口中的「本幫菜」，最初是從比較樸素實惠家常菜而起，但由於上海是移民城市，四方交集，五味雜陳。上海菜在發展上廣納杭州、寧波、徽州、揚州、蘇州和無錫菜等特點，形成了特色是：湯鹵醇厚、濃油赤醬、糖重色豐；選料注重活、生、寸、鮮。在灣區，吃上海菜不難，但要吃到上海特產食材的上海菜是很難，例如上海第一名菜，水晶蝦仁，用的是上海特有的河蝦，灣區根本就找不到，海蝦和和河蝦因水質的不同，肉質有天壤之別，即便是跟足烹調法，也難作出同樣的效果。所以得知梁先生帶了一批水產剛下飛機，趕忙安排了此次的採訪。

　　第一道菜是油爆河蝦，上海人以前過年時候的傳統佳餚；冰鮮蝦肉彈性實足，蝦殼酥脆，咸中帶甜，口感鮮香。據梁先生透露，這河蝦是他在上海臨上飛機前，才去市場買的，用特別的方法保鮮，隨身帶回灣區的。跟著呈現的是大明蝦。明蝦也叫對蝦，為蝦類之冠，名列海產「八珍」之一，而最為名貴的對蝦，是產於山東半島東部的沿岸各大海灣，那兒出產的對蝦，體色青中襯碧，玲瓏剔透。熟後通體橙紅，如珊瑚雕就，觀之色豔悅目，食之鮮美異常，為蝦類上品。老上海的廚師用酸甜的特製醬料精心烹調得甜酸適口，口感醇厚，特別之處，醬料裡還加入了上海人愛吃的酒釀，真是令人陶醉的美味。

　　紅燒海參，參體肥厚，滑潤軟綿，湯鹵醇厚，為上海菜濃油赤

醬經典的寫照，國產的食用海參大約有20種，肉質和含鹽量決定了材料好壞的關鍵，其中以遼參為上品。海參烹調要三大要訣，一是去腥，二是燒製，因為海參不容易入味，三是勾芡，勾芡可以讓味道進一步附著在海參身上，但又不可太厚，是很考廚藝的一道菜，我對這道菜的評價，用上海老話就是：「頂忒了！」（意喻太棒了）。

揚州煮絲是取自淮揚菜系中的一道名菜大煮乾絲，這道菜最經典處是將一釐米厚的豆腐乾切成細絲，用開水燙過之後，加火腿、鮮魚、河冬菇等輔料，用雞湯燒制而成。鮮湯漉漉的煮乾絲，入口綿軟，味道爽鮮、餘味綿綿，看來來自江南水鄉的豆製品，就是與眾不同。

江南第一名點，上海小籠包，以鮮肉製餡，配以鮮拆的大閘蟹粉黃。以高湯燉製而成。口感蓬鬆而有彈性。口味鮮香，有濃郁的蟹香。肚子已經撐不下了，但功能表的引誘力是那樣的強烈，我不禁心中自語，後會有期！

全日食轟炸

　　這個題目有點繞口，要解釋的是這全日的意思，不是指同一日的食物，而是全部是日式的食物，而且是由一個日式沙鍋引起的。

　　有日和朋友逛日本超市，她是購物巧手，知道上哪去找價廉物美的東西。果然她一進超市，就指點我買一種小沙鍋，確實便宜，才2元美金一個。在香港類似的燒鍋不需要用錢去買，到超市買成品的沙鍋菜，那鍋就免費的送你。當然日本的東西要精緻好多。我一買兩個，心想可以用來燒香港人愛吃的「煲仔飯」。誰知兒子得知後，臉色一變，馬上興師問罪：「你有沒有搞錯？用日本沙鍋煮香港茶餐廳的東西。」我受驚嚇之後清醒了，對，千萬不能幹這種沒有品味的事，所以立即決定改燒日式豆腐湯。

　　揣摩了兒子的心思，日式豆腐湯也不能配其他國家的食物，急中生智，想起很久前因貪便宜，買了一個降價大特賣「日本鰻魚」罐頭，等到我煮熟了日本米飯，打開日本鰻魚罐頭，發現貨不對板，裡面居然躺著是港式的豆豉鯪魚。可能是肚子餓了，也可能豆豉鯪魚在他的記憶中還不錯，所以也沒什麼大反對，就把飯吃了下去。但吃出了這豆腐湯的味噌是山寨的！他是對的，這是韓式味噌，我在韓國超市買的便宜貨！好在這套組合，砂鍋、醬油壺和米是正宗日貨，尤其是裝飯的碟子，是日本的藝術品，因為背後有作者的簽名，為我爭回了不少面子。

在家也能全日食解饞

　　兒子可能認為我有眼不識日食，所以帶我再次親臨日本超市。那天特別熱的天氣，日本超市的氣氛，令我想起了以前在香港的時候，住家樓下那個我經常光顧的日本超市──西田。我常在那兒買半成品的菜肴，買日本的魚生和螺頭。當兒子在魚生的架子前停住了腳步，我馬上通氣的說，今天天熱，也不想燒菜，晚上就吃魚生吧。兒子雖然沉得住氣，還是被我發現了眉毛的抖動，這分明是「喜上眉梢」的證據。

　　為了彌補鰻魚飯組合中出現太多山寨貨，這次我下決心要日貨齊全！這個日式晚餐組合包括日本超市買的青瓜，除了魚生，還有蝦、日式海帶、3.99元的豆腐，兒子最讚賞的是涼拌豆腐，很有豆腐味，一分價錢一分貨嘛，涼拌的豆腐應該買好的。兒子對我自製大盤的土豆沙拉頗有微言，認為是破壞了日食文化精緻的理念。晚餐後，大碟的沙拉也剩下這麼一丁點了，這時該明白我上大盤的目的了吧，小日本的東西耐看不耐吃呀。

　　到這，不要以為全日食結束了，日頭落下，還要為明天的帶飯努力。於是乎，日式咖哩飯便當為全日食畫上了一個句號。日式咖哩飯便當，食材有雞腿肉、花菜、洋蔥、蘑菇、胡蘿蔔、青椒、薑、大蒜，三種咖哩加椰子粉和其他香料精製而成。

　　當我喜茲茲地把這全日食照片貼在我的博客公告天下後，收到了我在日本的朋友留言：「等你得緣來東京，請你全日食。」

米其林青睞的中餐館

被譽為世界美食聖經的法國《米其林指南》Michelin Guide（Le Guide Michelin）首次把北加州納入它的評選範圍，出乎意外，位於舊金山中國城的中國餐廳－嶺南小館，居然榜上有名，具有一百多年《米其林指南》有著非常的嚴格甚至苛刻的審核標準系統。審核標準除了菜肴口味，服務品質、餐廳裝潢及氛圍格調也是重要

▌嶺南小館的螃蟹

的評估內容，所以有著勿庸置疑的權威性，任何一家受到它青睞的餐館，意味著達到了國際級水準的專業認同。

上網搜查不同語言的網站對嶺南小館的評價，留言資訊寫出了食客的體驗：

「椒鹽焗大蟹是他們的招牌菜，果然好吃，椒鹽口味的炸螃蟹我不是沒吃過，但是嶺南的肉蟹很新鮮，不像一般餐館，多拿不太新鮮的螃蟹去炸，一般在海鮮餐館，對於時價的食材，多半會挑清淡的做法，一來是品嘗食材的原味，二來免去被店家呼攏的可能。嶺南的螃蟹，雖是油炸，外皮裏的

粉，很是酥脆有味道，螃蟹的肉也比別家的大而鮮嫩。兩隻大蟹，吃得我們四個已微有飽足。」

「如果你的中國胃在向你抗議的話，可以試一試位於中國城Kearney上的R&G Lounge（嶺南小館），是少數能兼顧老外和華人胃口的中國餐廳。除了觀光客外，也是金融區的上班族喜歡光臨的中國餐館，我最喜歡吃他的招牌煎麵，有一陣子幾乎每週至少吃上一次，椒鹽蟹和炒河粉也是很有名的。看到老外把醬油淋在白飯上時，可別驚訝。」

「舊金山中國城靠金融區那一帶有一家中餐廳叫嶺南小館，價錢不便宜，但是居然讓我這個不喜歡吃螃蟹的人吃得津津有味，牛肉湯麵也是三個讚，據說是駐外人員招待台灣去訪民代或官員的館子。」

「在熱鬧擁擠的中國城過中國新年，怎樣可以找到一處較好的餐廳，那是嶺南小館的二樓，當你吃到超出預期的美味食物後，就算是等候多時也值得，服務不算盡善盡美，但因為那是中國新年，到處都是擁擠的人們，反正我會再去。」

除了網上的推薦，城中的口傳也成了他們的免費的廣告，有一晚，已過了上班時間，餐館內依然燈火通明，食客滿座，這時一輛Limousine車帶來了世界第一富豪比爾‧蓋茲，原來他到舊金山開會，根據司機的介紹找到嶺南小館。

口碑來自於經營者長期努力，來自於對中華美饌的信心，也來

自於對於自己事業的一份執著，他們的努力，更得到了同行業的專業認同和獎項。

說起中餐館，在灣區大大小小超過了兩千多家，但是搬起手指數一下，經營超過二十多年的有特色的確少之極少，那是因為中餐館是華人在美國最容易入行的生意，但也因為容易上手，競爭相當激烈，在加上一些客觀上的原因，長期以來，中館開張容易維持難的現象一直存在，尤其是最近幾年，餐館為了爭取大量的客源，採用了壓價鬥便宜的惡性競爭手法，大大影響了中餐的發展，在華人中，找不到好餐館的抱怨時有耳聞，對西方人來說，認為中國菜還停留在炒麵，甜酸肉的階段評論占了絕大數，這樣下去的話，不要說提升中國菜在美國的地位，恐怕開餐館的連糊口的都有困難了，因為廉價的中餐館，遭到了超市熟食檔和同樣廉價的自助餐的腹背夾擊，鬥快，鬥不過熟食檔，4、5元三菜一湯一主食，付了錢馬上就可以把熱乎乎送進嘴裡，量之大，胃口小一點的人，兩個人分享絕對足夠有餘；鬥多，鬥不過自助餐，7、8元可以吃到幾十種不同的菜式，總有幾樣自己喜歡的，還可以坐多久吃多久。另外時代在進步，就拿新移民來說，比起十幾年前，懷踹幾十元美金來美國拼博的人始終是極少數，這些人也不是餐廳的主要服務物件，來到餐廳用餐的，多數人除了享用美食外，還想得到身心的鬆弛。

嶺南小館的經營者的經驗，就是把自己的服務基於顧客的需求，跟著環境而變，為了突出自己的特色而創新。其實在美國經營中餐館，老守著傳統是行不通的，因為，第一食材不同本土，第二顧客口味不同，同是一桌客，可以來自不同的國家，甚至同一膚色的家庭，兩代之間的口味極之不一樣，第三，顧客對餐館的要求也不再是傳統的美食加熱鬧，而美食、服務和環境。嶺南小館在三個

方面沒少下功夫，首先作為餐館，菜色還是占了主角，在保證品質的情況下，他們不停地摸索，嘗試烹調出西方人和東方人，新老移民及土生土長的華人都能接受並滿意的口味的菜式，這就會讓人選擇餐廳的時候，少了為照顧到所有人的不同口味的憂慮，自然該餐館成了顧客的首選。為了更好的突出中國菜的色香味，他們用了不同形狀的優質特色餐碟來襯托；根據餐館的周邊環境特點，他們逐步把餐館分成不同的三個區域，地庫是為家庭團聚，朋友相會而設置，溫馨熱鬧，大門口接待處旁有酒吧，可以讓等待入座的顧客看看電視或小酌，二樓的設計是為了金融區和酒店客而考慮，簡約而不失風格，三樓的貴賓室，宴請貴賓的絕佳場所，所以來到嶺南小館的顧客，不管是什麼層次的人，都可以找到適合自己的環境和目的的位置。值的一提的是他們的廁所，不僅極其乾淨，連殘疾人都能使用。考慮到中國城停車的不便，他們更提供免費停車兩小時，使一件令顧客頭疼的事變成了附帶的優惠。生意穩定，顧客盈門，為了提高服務效率，他們設計出精美的圖示功能表，讓顧客瞭解菜式時一目了然，下單的時候不再猶疑；廣式餐廳花時間烹調的是褒湯，他們加強例湯的品質，成了每天顧客的摯愛，不再另點，服務員也眼觀八方，隨時照顧客人的需求，廚房和樓面配合緊密，縮短顧客等餐時間，減少了其他客人等候入座的時間，當然也增加了餐館來用餐的人次數。

這次《米其林指南》能夠到中國城的中國餐館暗訪，意味著中國餐館在美國還是有出路的，進入主流飲食圈是有希望的，問題是中餐館的經營者們是否有決心堅持，堅持摸索，堅持付出，堅持自己的特色，堅持現代管理的理念。

經營餐廳，日子有功，五千年的中華飲食文化，八大派系的

中國美食，加上市場的現實需求，肯定有適合你的特色等待著去尋找和發現，與其花時間打敗別人，不如創立新的天地，至少它是你的，別人拿不走！

☑ **美食筆記本**

嶺南小館 R&G Lounge
631 Kearny Street San Francisco, CA94108
電話：（415）982-7877
傳真：（415）982-1496
營業時間：11:00 AM~9:30 PM

小知識：《米其林指南》

　　《米其林指南》由法國米其林輪胎公司於一九〇〇年創刊，是一百年多來銷售量最大、收錄最齊全的全球第一流餐館、旅館大全年鑑。有英語、義大利、西班牙、德文等多種語言及國家版本，自一九二〇年起，它不再接受任何廣告。極力保持其獨立性，以確保調查的中立和可信性，被大眾譽為「嚴肅和可靠」的刊物。米其林的評鑑是採取匿名拜訪和不事先告知的情況下，根據不同的專業人士進行多次祕密測試後所寫的報告，以及長期觀察後所得到結果：一顆星的餐廳表示「值得停車一嘗的好餐廳」；兩顆星的餐廳表示「一流的廚藝，提供極佳的食物和美酒搭配，值得繞道前往，但所費不貲」；三顆星的餐廳表示「完美而登峰造極的廚藝，值得專程前往，可以享用手藝超絕的美食、精選的上佳佐餐酒、沒有缺點的服務和極雅致的用餐環境，但是要花一大筆錢」。

是誰讓我們吃上了青江菜？

　　人生第一次走進菜園子，就是今天了。

　　事情起因是我所尊敬的老大姐賜我一篇有關青江菜怎樣會長在舊金山灣區的文章。我一看非常感動，這是我最喜歡吃的菜，我從小長在上海，餐桌上最常見的菜就是這種青江菜，白莖肥短寬，炒菜的時候，一定要蓋鍋蓋燜一下，吃在嘴裡的青菜才會又酥又軟，清香鮮甜，旅居香港時就是因為看不見，摸不著這種菜，令我沮喪了十幾年，差點得了憂鬱症。

　　移民美國後，欣喜的發現青江菜在本地又好又便宜。根據老大姐在文章中介紹，號稱矽谷中心庫泊汀若（Cupertino）在一九八二年的超市就出現青江菜，當時立刻就賣完，漸漸地每個中國超市都賣青江菜。原來種菜的一對台灣夫婦正是大姐的鄰居彼得和阿麗思。我馬上告訴老大姐，拍照採訪，但當事人非常低調，不願意曝光，不過拗不過我的執著，所以今天，大姐帶著她50年的老同學，開車把我送去在半月灣（Half Moon Bay）的農場拍照，認識認識我心目中的種菜英雄來回車程差不多三小時。想想看，這對夫婦每天要開那麼久的車，不是有對土地執著的愛，怎麼可能堅持20多年？

　　彼得和阿麗思熱情地接待了我們，還親自帶我們去菜地走走，從他們的介紹中得知，經營這個農場真不容易，不僅要親自落手落腳的做，還要懂得維修機器和各種平常人想像不到的工作。

▍在美國看到這大片家鄉菜，不由人不激動，呵！

彼得幼年跟在祖父身旁看他種花，很受影響，學農成了他從小的心願。所以即便他在美國農科碩士畢業後，在一家食品公司任職，但是他始終沒忘童年的夢想，所以辭去高薪穩定安逸工作，買了地，當上了農場主。二十多年來不僅讓全舊金山灣區的人都吃上了青江菜，而且還把三個孩子送進了大學。

當我在農場裡，親眼看到彼得示範怎樣收割青江菜，那一刻，我真的感動了，原來每一棵都是用人手切割下來的。晚上，小心翼翼地把從農場帶回家的青江菜，清洗切塊，放入鍋中，燜了一會，打開蓋，一股清香撲鼻而來，那一刻起，我感覺到，自己真的很幸福。

為生計，過好每一天

　　半個多世紀之前，台灣一家普通的軍人之家，爸爸雖然貴為軍官，但為了年幼的孩子，生活還必須改善，年輕的媽媽高李森娣，為了生計，在台灣開了一家小店，貼補生活，名字也就叫做「生計」。如今的「生計」不但在台灣成了家喻戶曉的名店，在美國，也成了引領糕餅業的先鋒，北加州十家分店供應全方位的的產品，遍及全美的郵購服務，如今的掌門人，高家的第二代麥克分享了他們家族的經營理念，非常質樸簡單：「為了生計，認真過好每一天」。

　　「生計」從傳統的糕餅入手，講究精緻美味，要保證這兩個字，那就離不開品質的把關，高媽媽從北京請來了宮廷禦膳房的點心師傅，師傅做的點心都是給皇宮貴族用的，用料的考究，烘培的精心必不可少。例如做月餅，像是豆沙、蓮蓉、棗泥、五仁金腿等傳統口味，用得都是老配方，特別講究內餡的純度與鮮度，例如棗泥是一半紅棗加一半黑棗，從去核剝皮開始做起，添加豆沙的量也在四分之一以內，每一種餡料都要翻炒超過四個小時以上，好吃的秘訣就是不偷工減料，連油跟糖都加足了，月餅自然保持了地道的美味。許多懂吃的名人，例如鼎鼎大名的蔣家，父子兩代都是的長客，連很懂得品味的蔣夫人，也是以吃「生計」的糕點為樂。她老人家的摯愛口味是椒鹽。椒鹽是非常傳統的口味，現在可難找，多

層次的蘇式餅皮裡有黑芝麻粉拌和花椒鹽與酥油，香酥易碎，老人們都愛。而孔二小姐孔令偉最愛奶油椰蓉口味，據說，只要她一打來電話，做月餅的師傅馬上停下手邊的工作，因為孔二小姐一口氣就訂30盒，自己吃不夠還要拿來送人。月餅做出口碑，長年來台灣的圓山、君悅、亞都等高級飯店都找「生計」代做月餅。「生計」越做越出名。

麥克是高家的長子，在台灣是念法律的，來到美國後轉學電腦，那時懷有小私心，希望能遠離糕餅，因為他清楚這不是一條輕鬆的路。不過高媽媽追到了美國，告訴兒子，長子應該繼承家業，這是傳統，為了生計，他也應該繼續在這條路上走下去。於是，在一九七九年，舊金山的日落區，有了第一家美國「生計」。

日落區在那個年代，還都是黃頭髮藍眼睛的天下，中國的糕餅要在西方人的世界闖出名堂，談何容易！「生計」在日落區開張的第一天，只做了25元的生意。麥克委屈得差點沒掉下眼淚來，因為進進出出的人不少，但那些白人就是看，光看，什麼也不買。要說麥克當時也未必找不到工作，但他這個人就是實在，因為答應了媽媽，要守住傳統，他就這樣實實在在地，半工半讀地守著，經營著「生計」，終於他們研製的西點羊角麵包打出了名堂，「生計」在美國人的世界裡站穩了腳。

一九八五年，麥克讀完了MBA，摩拳擦掌地在舊金山的市中心開了「生計」第一家分店，他以為自己有了實際的經營經驗，有了豐富的書本知識，做了科學的市場調研，「生計」分店會一炮而響，但是事非所願，事實上他們確實做了大量的工作，但是輸就輸他們還是對美國人的文化和生活方式不甚瞭解。回想起當時的挫折，麥克感歎地說，任何事業的成長都和一個人的成長一樣，從幼

稚到成熟，非要過一個階段不可。

　　實在的麥克，帶領著「生計」從磕碰中一路走來。華人社會的壯大和成長理所當然擴大了「生計」產品的銷路，但是於此也帶來了激烈的競爭，不過麥克認為，有競爭才會有進步，品質是靠競爭得來的，只有保證了品質，才能贏得競爭。在保證品質的前提下，他們也多方吸取各族裔的優點，麥克長期聘用一位日本點心專家做自己的左右手，日本人不為90％的成功而驕傲，而積極研究如何解決餘下10％不足的認真精神給了麥克很深的印象。他的五弟在專業學校畢業後，先後在Hyatt Regency和Hilton Hotels等大酒店工作了好多年，所以他對義大利、德國、法國等國家的糕點的制做精華瞭若指掌，所以這也是「生計」能出全方位的產品的原因。他們的小月餅大小適中且不會太甜或太膩，波士頓派及拿破崙亦是一絕。蛋塔、各類土司、麵包均有不同的地方風味，紐約起士蛋糕更是精彩，原來是用了紐約Hyatt酒店的秘方。

　　隨著市場的擴大，他們從日本進口了機器來適應產品量激增的需求。他們是全美唯一一家在本土製作月餅的生產商。從而做到了他們對顧客的承諾：每一個糕點都經過一流的設備，精選的原料，精心的製作後，以健康香醇的口味，新鮮地呈現在顧客的面前，這就是「生計」的待客之道。

　　最近，汽油的加價，麥子的供應不足，嚴重影響這糕餅這一行業，問起麥克的打算，他實在地回答道：「還是那句話，為了生計，要認真過好每一天。」

賑災的薺菜餛飩

說起上海的特色小吃，當然很多，有兩樣東西包你吃了過後不忘，薺菜餛飩和蔥油麵。薺菜又名地菜、護生草，是人們喜愛的一種野菜。人們吃的是它的嫩葉，愛它那種特有的香味。早在西元前三百年就有薺菜的記載。在上海郊區開始栽培，至今已有差不多一個世紀的歷史，是上海特有的一種蔬菜。記得還在香港居住的

自製的薺菜餛飩用醬麻油蔥花沖湯更能凸顯薺菜的香味

時候，有次回上海，居然買了十斤薺菜，浸在浴缸裡，洗淨燙熟，然後用塑膠袋裝起帶回香港放在冰箱裡慢慢吃。可想而知，上海人熱愛薺菜的程度。

蔥油面的做法是把青蔥切段入油煎至蔥黃髮焦，此時蔥油色澤深紅帶黃、蔥香濃郁、聞之即可增食欲，然後淋澆煮熟的麵條，滋味鮮美，滑爽可口。上海人都以會做這兩味為自豪。在四川地震發生的時候，有一位在矽谷的上海人陳美蘭居然用了這上海特色小吃為四川災民募捐到了一大筆款子。

陳美蘭來美國已有二十多年，和絕大多數留學生一樣，大學畢業，工作結婚生孩子，但是她一直沒忘家鄉的美食，一有機會，她

都會時時露兩手。四川地震了，和每一個中國人一樣，陳美蘭想方設法地想為災區出點力量。美蘭是在一家有五、六百名員工的藥品公司工作，她在取得公司的同意後，決定義賣午餐來為四川募款，五個薺菜餛飩、一盤蔥油麵各賣5元美金。她一個人買了十包薺菜加肉做餡，帶去公司，在另外五位同事的說明下，包了幾百個餛飩，另外她又做了四大盤蔥油麵，因為公司有很多同事是吃素的。

公司很支援她的行動，除了一早發郵件通知各部門之外，還在當眼的地方張貼了告示。那天還特地提早了午餐的時間。美蘭開了三個爐頭，燒湯燒水下餛飩。來買賑災午餐的人很踴躍，她的大老闆派秘書來買了四碗餛飩，流水線的工人居然送來了200美金的支票。印度同事們吃完了蔥油麵，又再來買。好多同事吃著餛飩，邊讚美邊奇怪，通常在中國餐廳的都是蝦肉餛飩，從沒見過這種蔬菜，所以紛紛來打聽。

那天，美蘭居然為四川的災民籌到了1,600多元！而自己只用了90元的食材費。1,600多元，在百億、千億的賑災捐款裡可能會不起眼，可在上海弄堂小吃出身的薺菜餛飩和蔥油麵從未想到會出現在美國大公司的食堂飯桌上吧，身價也爆升。用家鄉的美食為祖國做了一件好事，一舉兩得，多麼聰慧的美蘭。

聽了這個感人的故事後，我一直想親口嘗嘗美蘭做的薺菜餛飩，居然在一次國慶露營活動中吃到了了，還是現包現做的呢。正宗的上海口味，又鮮又香，好吃得不得了！

曼哈頓大老闆的晚宴

　　曾在康州做過兩次客，一次是我堂嫂秋晨的大老闆的家，另一次是前中國影后龔雪的家。康州在美國是屬於富裕的一個州，好多有錢人都在那兒置有別墅。尤其是在曼哈頓工作的有錢人，這兒能直接從水路到達曼哈頓。秋晨的老闆就是例子，介紹說，因為老闆夫婦的公司在那兒，不過為了上下班的方便，她們在曼哈頓也買了樓，康州的住所，他們只是在週末才來住。龔雪的丈夫張訊那時擔任一家世界著名醫藥公司的管理層工作，公司就在康州。

　　秋晨的前任老闆家裡。他們家是在鄰州康州，坐落在康州一個背山依湖的小山坡上。早就聽說康州多有錢人住，這次我可得親眼瞧瞧了。

　　我們由聶楊駕車，一路暢通地來到康州，越走人煙越稀少，越走好像越荒涼，經驗告訴我，離目的地不遠了。聶楊的車在一個大門前停下，沒有門衛，聶楊根據上面的指示用密碼打開了大門，出乎我意料，並不是一進了大門就到了主人家，而是一彎二轉三拐彎開了一段路才到。我知道這房子可有價了，因為大門裡面全是私人的土地。

　　到了主人家給我第一深刻印象的是不用換鞋，看著他們家地毯又白又長的羊毛，看看腳上由於剛下完雨而掛上的泥濘，真是有點

不忍心踩下去。

　　接著印入眼簾而刻入腦海的場景，是站在他們家的露台可看到的，也可走到的湖邊，那湖上的隨風蕩漾的小舟，那湖中青山綠水的倒影，撲面而來的晚風，是另一種地享受。聽秋晨介紹說，這兒能直接從水路到達曼哈頓，因為老闆夫婦的公司在那兒，不過為了上下班的方便，她們在曼哈頓也買了樓，康州的住所，他們只是在週末才來住。

　　晚餐是西方人的特色，一個主菜、一個沙拉、一個主食，通常主食不是土豆就是麵條，今天因為請的是中國客人，所以主食是米飯。主菜是烤雞，另加蔬菜沙拉，雖然略嫌單調，不過也很飽肚。

　　飯後，我們捧著甜品杯，品嘗著由女主人親自調製的水果冰激凌，話題的範圍越鋪越廣……

去龔雪的家作客

　　得悉要去龔雪的家作客，我的心裡開始揣摩：這位一九八三年中國電影百花獎和金雞獎的雙料影后，在星光燦爛之後，她的賢妻良母生活是怎樣的呢。

　　龔雪的家坐落在以一個湖泊為中心的小山坡上。放眼望去，山坡上滿是青青的草地，長滿各式各款的植物。靜靜的湖面上，不時有一葉小舟輕輕劃過。微風吹過，從船邊蕩起的漣漪，向四周慢慢地散去。

　　通向屋子的小道，兩旁一路盛開鮮花，大門口的長廊，也吊了許多我都叫不出名姓的花草植物，從花盆的四邊垂下。所有收入眼簾的一切，令我覺得是身處電影的美景之中。

　　來開門的是龔雪的丈夫張訊，而龔雪仍在廚房忙著呢。哇！飯桌上已是一桌子的菜了。這就是作為家庭全職主婦的龔雪對待朋友的做派。

　　該入席了，令我驚訝的不光是菜肴的數量之多，而且多是地地道道的上海菜：炒蠶豆、炒鱔糊等等。原來龔雪為了我們的到訪，特意開車去了一次中國超級市場，把所有有上海菜特色的東西都搬了回來。如果在上海吃到這些菜，一點都不出奇，可我們是在美國呀，就不容易了。況且，要把這些冰凍的食物燒得如此的有滋有味，一般的上海家庭主婦也未必行，這可顯出了女主人的廚藝不一

般了。其實,張訊也不遜色,「表演」了他的「保留節目」:海鮮粉絲煲。

當紅酒喝到大家的臉色都染上微紅的時候,主客之間的話明顯地多了起來。

說起龔雪和張訊的婚姻,可真是印證了這麼一句老話:「有緣千里來相會」。龔雪是上海姑娘,電影明星;張訊是北京大學的高材生,他們的相識卻在太平洋彼岸的美國。那時候,龔雪作為中國電影代表團的成員,出訪美國,訪問了很多地方,張訊作為當地的留學生代表,負責接待工作。就這樣,一段美好的姻緣開始有了序曲。據說,當年張訊為了贏得美人歸,還曾一路「追」到了上海。

十幾年過去了,龔雪和張訊的女兒都上高中了,龔雪作張家十幾年的媳婦了。他們在康州,離張訊公司不遠的地方,買了一塊地,按照自己的設計,蓋起了房子。平平靜靜,快快樂樂地過著日子。幾年後,龔雪隨著張訊海歸了。

博士生的管家婆

　　純粹的美中家庭的待客之道有這巨大的分別，那麼中美聯姻的家庭呢，以那邊的文化為主呢？我有過一次出乎意料的經歷，請看下面的小故事：

　　美國婦女的獨立性，眾所周知，好像她們一直給人一種為了維護自己的獨立，可以放棄一切的感覺；其實並不然，美國人家庭的觀念非常之強，在我的訪問其間，給了我新的感受，尤其是當我拜會了我的堂哥崇錦一家後，這種感受更加強烈。

　　我從未見過崇錦，我還未出生，他們一家就上海搬去了香港，等我到了香港定居，他們在我到之前，早已經移民去了美國。我只聽說，他們一家經歷了所有新移民都要經歷的適應期後，生活都很好。幾兄弟姐妹不是碩士就是博士，崇錦出自於名牌大學柏克萊大學的博士，又聽說娶了美國妻子，生活美滿。

　　我終於看到崇錦，他的身體語言極之豐富，那渾身來勁的樣子，根本與他的年齡不相稱，但他卻告訴我，他早已提早退休，為的是能再去大學，學自己感興趣的東西，他現在主修西班牙文和音樂。他一路開車，一路告訴我，他太太卡羅已在家為我準備晚餐了。

　　崇錦的家，背山而起，最大的特點是樓底高闊，廳房裡巨型

的玻璃窗，把開闊的景色一覽無遺，所以做在廳裡吃飯，無比的愜意。長型的飯桌已擺放好了碗碟筷，等我們寒暄完畢，女主人又回到廚房去忙活了。

崇錦向我示意，可以先吃冷盤了，不用等女主人，恭敬不如從命。我們四個人就先吃了，我和崇錦、他的兒子及女兒。

女主人又端著熱炒出來了，很久沒有看到如此中國式的招呼了，有點受寵若驚。而崇錦卻若無其事的樣子，兩個孩子也自自然然，有說有笑有吃，我從這認定了，他們一家的模式是這樣的，起碼是吃飯的模式，並不是因為我這個來自東方的客人。

女主人終於入坐了，她藍眼淺髮，但竟能說國語，說得還挺標準，當一話家常，我竟然嚇了一跳，這位相夫教子的家庭婦女，竟然擁有柏克萊大學人類學博士學位，但她從婚後就當上了全職主婦，而且越做越過癮。

卡羅在柏克萊大學認識崇錦，深深愛上了這個精力十足的中國年輕人。之後，他們結婚，卡羅跟著崇錦走過世界上許多國家，直到在這兒定居了下來。

對著她越久，越覺得她可愛，以前我總覺得，婦女獨立的前提是經濟獨立，今天覺得，如果這樣認為，太狹隘了，其實真正的獨立是人格的獨立。

把中國廚房搬去山野樹林

中國人「民以食為天」的精神，在這發揚光大到了極致⋯⋯

　　國慶日長假，朋友邀請我去參加露營，早就聽說灣區有那麼一個以美食作為露營重點的團體，參加的都是相熟的家庭，他們把鍋碗瓢勺爐從廚房搬到野外，每每好吃得讓參與者樂不思蜀，參與者與年劇增，露營隊伍早就人滿為患。好在今年我一個人在灣區度國慶，所以決定跟著朋友的車，不露聲色地潛入營地，來一個兩晚三天的臥底報導。

　　露營地就在聞名南灣的大蒜之鄉Gilroy，正式名很長，Coyote Lake-Harvey Bear Ranch County Park，是個鄉鎮湖心公園，面積有4,595英畝那麼大，有長達十五哩的小道，面積有635英畝之大的湖泊，所以這個營地除了爬山踩單車騎馬，還可以釣魚，划船，開汽艇。

　　面向湖景的的露營地可供75個家庭使用，每兩、三個家庭共用一個燒烤點，和可以存放食物的野外儲藏櫃，還有洗東西的水池和木製桌凳，每個露營點可以停放兩輛車。當然還有提供熱水的廁所。營地管理得非常好，在進入營地的時候，就可以在入口處遊客中心看到有關的野生動物生活習性的展覽，營地一面靠山，所以除了爬行動物還有野生的水陸兩棲動物，我們在遊客中心有人在買全

年的套票，因為這裡確實是一個非常理想的全家戶外活動地點，尤其是離市區很近，在夏季，週末還有電影欣賞和營火會的活動。

到了營地，第一件事是卸車搭帳篷，把家先建起來。派給我們的營地離湖邊遠了一點，開頭有一點失望，因為景觀差一點，後來去了湖邊一走，發現好在沒在湖邊，湖邊風太大，刮得帳篷呼呼響，到晚上我肯定會嚇得睡不著覺。

因為是臥底，不想太招搖，我特意買了一個非常小的帳篷，去的時候有點擔心，不知怎樣一個人把帳篷支起，因為通常這種事是我老公做的，不過在這大愛的社會，我這種擔心都是多餘的，很快來了三位老公，別人的老公，很快地幫我架起了帳篷，又幫我吹起了一個單人氣墊床，我把帶來的鬆軟的大棉被半墊半蓋，看上去就覺得非常舒服。把小小行李箱豎起，當床頭櫃，在上面鋪上一面美國國旗，也把這次添置連收音機的LED燈放在床頭，和一些晚上用得著的物品。

還未完全布置好新家，總部那邊已經在吆喝開飯了。這次總共十多個家庭，實行的是民主集中制，一切由兩位得高望重，帶領大家露營了多年的女士負責。第一餐，是吃各家所帶得私房菜和甜品，三十多種；來自天南地北不同口味家庭的拿手菜，紅燒肉、涼粉拌黃瓜、油爆蝦等等，真是涵蓋了中國八大菜系的精髓。

說到明是美食露營，所以每天的不僅菜式不同，而且還要確保新鮮。後來的兩天，他們不僅在現場烤肉、烤魚、烤羊肉串、煲雞湯，現做孩子們愛吃的義大利麵和熱狗，居然還剁菜包餛飩。

由於孩子們騎車的騎車，划船的划船，比較安靜的一些，都在帳篷裡玩益智遊戲。所以大人都可以輕鬆的放寬心，女人們在交換著治家心得，男人們在互換著資訊情報。這是一個沒有電腦、沒有

電視，甚至沒有電話，總之，這是一個沒有電的回歸自然的假期。

夜幕降臨了，各營房的煤油燈亮起了，孩子們圍著篝火在烤棉花糖，大人們品著杯中的酒，歡聲笑語衝破了夜空，餘音久久地山谷中迴蕩。

第二天，我早早的起身，走出帳篷，只見太陽爬上山谷之頂，俯照著那枝枒伸向天空的大橡樹，橡樹下的頂頂帳篷在晨曦裡蒙上了柔和的色調，我那小小臥底帳篷在幾家大戶的圍繞著，陽光斑駁地落在了五顏六色的篷頂，炊煙嫋嫋，香味撲鼻，多麼溫馨的一個早晨。

早餐還分中、西式兩種，西式咖啡奶茶、法國羊角麵包、蛋糕，中式有地瓜粥、八寶粥、稀飯醬菜、豆漿、蔥油餅、煎餃子，豐富的很。午茶也很講究，各地的精緻茶葉相對比，還用不同的茶果、蜜餞配套。

到第三天臨走時，我初略地算了算，我一共吃了五、六十種食物。散隊前的結算，營地費加上伙食，每家才付50元！！我因臥底，身分特別，居然被他們全免了費用。歡度國慶，以美國的方式——露營，以中國的內涵——美食佳餚，真是想喊萬歲，大家臨走的最後一件事，就是預約下年。

▌早上從帳篷中甦醒，來一碗熱氣騰騰的餛飩，真是幸福

經典的台南風味小吃

　　台灣的大選和總統就職典禮，好友放下手頭的工作，趕赴台灣參與。我和他開玩笑說他的政治熱情高漲，他卻神祕的說，他只是借此為名回台，另有目的。原來，最近台南小吃被被評為台灣小吃之最，他棄台北的政治明星，奔赴台南祭胃，朋友振振有詞地說：「民以食為天嘛！」

　　去過台灣的人都知道，那可以稱為吃的天堂，尤其是小吃，珍珠奶茶、章魚燒、魯肉飯、蚵仔煎、大腸麵線，棺材板，炸豆腐等等，可以如數珍珠，數之不完。台灣小吃已成為台灣獨特的街頭飲食文化，被美食家們推崇為中國歷史上小吃部分最多樣化的時代，尤其是台南小吃，在台灣各地小吃當中獨樹一幟。台南市是漢人最早在台灣拓殖的城市，由明鄭時期開始已有三百多年歷史，不同種類的小吃隨著歷代漢人移民傳入台灣，又因為台南長期以來作為台灣首府，與大陸東南沿海港口唯一的通商口岸，讓台南城至今仍舊是台灣有名的小吃重鎮。

　　台南著名小吃不僅風味別致，名稱也特別，例如棺材板，有點嚇人。棺材板是台南市有名的小吃之一，有些店家為求吉利，將其改稱為棺財板，取意升官發財。當年因美軍進駐，偶然機遇發展出中西合併的口味的小吃，由於用四方形的吐司將中間挖空，填入特

製的勾芡材料，放上用土司做的蓋子，形狀好像棺材型。由於形狀和偏甜的口味都很特殊，使得棺材板一炮而紅，現代人加入升官發財的意思，遂成台南著名小吃之一。

蚵仔煎的發源地，就是在鹿港天后宮前的一個露天攤子。當年郭老先生從日據時代的海軍退伍下來，就做起海產的小吃生意。由於蚵仔的腥味重，他就發明了蚵仔煎的吃法，沒想到大受歡迎，後來有人陸陸續續模仿他，現在鹿港天后宮前，竟然到處都是蚵仔煎的天下。不過老鹿港人還是會告訴你，吃蚵仔煎的話，露天郭的蚵仔煎最過癮，因為口味最獨到。

擔仔麵和大腸麵線是台灣最普遍的小吃，無論大街小巷都不難瞧見其蹤影，如果以這種市場佔有率來看，它甚至可以榮登台灣小吃之首呢！烹調大腸蚵仔麵線都以手工製的麵線最能凸顯美味，因為手工獨有的揉、拉、搓、甩等繁複過程，讓麵線有煮起來不易爛、入味後還能擁有強嫩的咬勁及香Q的口感，這是機器麵線無法媲美的特殊風味。大腸麵線的湯頭也是構成美味的極重要一環。最常採用的湯頭是豬大骨湯，有經驗的人會在湯頭裡再添加柴魚調味，煮出來的麵線味道就會更加鮮美。

大腸麵線和炸臭豆腐或炸豆腐搭配一齊吃，最能吃出台南風味。臭豆腐是深受歡迎的小吃，不是很臭的臭豆腐反而帶有一股特殊的香味。臭豆腐做法大致與一般豆腐相同，只是多了一道發酵的手續，臭豆腐分臭豆腐乾和臭豆腐乳兩種，都是相當流行的小吃。臭豆腐乳曾作為御膳小菜送往宮廷，受到慈禧太后的喜愛。

色澤黑亮口感醇厚、香而不膩的三杯雞。三杯雞因為主要調味料，是一杯酒、一杯醬油和一杯麻油，所以有了此名，因為有醬油發揮作用，所以這道菜並不會缺乏鹹味，而且雞肉外脆裡嫩，有些

酸、有些甜，在九層塔和紅蔥頭等香料的作用下，此菜味道濃郁，甘香嫩滑。

　　朋友看我「望洋興歎」，於是帶我去了中信廣場的台南風味小吃餐廳對號入座，雖然當然由於天時地理、材料不同，很難有百分百的風味保證，但我們找到各自認為八九不離十的摯愛。

食品也移民

　　這是一個有關食品的故事。一個有關食品如何遠渡重洋會晤自己老鄉的故事。

　　每次去中國超市，都會感到一種莫名的激動，只有在那，我可以忘記身處海外，忘記了自己遊子的身分，因為來自中國家鄉的食品，不僅慰藉了思鄉之情，也縮短了我們和故鄉的距離。

　　我喜歡在中國超市貨架之間漫步，左手拿起香港李錦記的調料，卻看到了右邊的台灣三洋肉鬆。老乾媽的辣椒醬是我廚房的鎮山寶，不怕吃得喉嚨疼，早已買好了同仁堂的川貝枇杷膏。我在貨架穿梭，瓶瓶罐罐，零零種種，眼花撩亂，有時拿起了合上海人口味的醬油，又戀戀不捨香港人的摯愛老抽。我敢說，如此豐富齊全，來自兩岸三地的食品，卻未必在兩岸三地的任何一家超市有同樣情景出現。加州的中國人真是有福！

　　那一天，找到了康元北美有限公司的林恩波先生和我說食品故事。我也要向他說說我對食品的喜和憂。

　　和林先生認識多年了，他是一個非常低調的人，由於自己的媒體身分，他總是有意無意地回避著我的訪問。我是一個執著的人。終於，談吃的話題打動了他，利用午餐的時間和我見面；看到他夾著心愛的小籠包，笑的合不攏口的樣子，哈，真是神仙都難逃吃的誘惑。

伊莎貝爾的故事

幾年不見，林先生還是那樣精力充沛，以為會見到的他，會風塵僕僕，坐下沒五分鐘，就手機響個不停地繁忙生意人。所以一坐下我就趕快把想說的話先說了，感謝他介紹了我認識伊莎貝爾Isabelle。那是很久的事了。一次偶然的巧合我從他那兒知道有一種我覺得非常陌生盒裝餅乾伊沙貝爾，原來是台灣的名牌喜餅，在台灣沒有人不知道的。

沒過多久，我們全家要回大陸過中國新年，那麼買什麼樣的禮物，拿回家時看上去像樣熱鬧，又稀奇，還要真讓我媽喜歡的，更要讓鄰居們見都看得到的，雖然我的行李之中有一個都裝滿了給她帶的養生保健品，但我心目中還是想一份可以提在手上的大大份的禮物，完全符合上海人過年上門拜年的習慣，因為要長途旅行，分量重的還不能考慮。記得我走入超市，心裡想得是這一下給自己找麻煩了，哪可能找到這樣合適的禮物，直在那兒埋怨自己。誰不知一眼就看見放在當言之處那華麗包裝又結實的紙盒，正是幾個月前我剛認識伊莎貝爾，大的有普通月餅盒的兩倍，且設計的非常有新意，內盒採用傳統的年盒的款式，有不同形狀小格子，裡面是獨立包裝的各式小點心組成。

絕妙的新年禮物，尤其是對我媽來說，她在台灣住過很久，但因為年老體弱，移居上海後，已很多年沒踏足過台灣了。她會懂這份禮物的意義，所以我買了一大一小兩盒。我媽看到伊莎貝爾那份驚喜是不能言表，開頭她還以為我托人專程從台灣買的呢，當她知道真相後感歎說：「你們真是有口福。」

林先生高興聽完了我的故事，告訴我說，現在在Costco都可以買到伊莎貝爾！那就說意味著依沙貝爾在美國重建了品牌的形象。因為某地的一個品牌到了另一個新地方，如果不做足功夫，未必可以保持自己的身價。所以當伊莎貝爾剛入口的時候，只放在高級的茶餅店出售，當她的品質被顧客認可後，又恰逢中國新年，才開始出現在中國超市。如灣區出名的Cheesecake Factory的蛋糕，在Cheesecake Factory店裡買一小塊新鮮的要7元多美金，還要排隊，但你也可以Costco買到急凍的盒裝Cheesecake Factory的蛋糕，一盒10元美金還不到，這就是名牌走平民路線的典範，旨在讓所有人都可以品嘗到品牌的滋味，擴大品牌的影響力。如有時間，重情調，講考究，那就必須去排隊付更多的錢，否則Costco的盒裝，也能使全家人心滿意足。

海南雞飯配料的故事

小籠包上桌了，我故意客氣地讓他趁熱快吃，好像挺禮貌周全的，其實我是想利用他嘴巴塞滿食物的時候，能讓我一口氣把要抱怨的話說完。事情起源也是在幾年前，那時康元公司剛代理了一個新加坡的醬料「海南雞飯配料」，林先生知道我喜歡烹調，就隨手給了我一瓶，讓我試著煮煮雞飯。

說實話，雞飯倒沒有時間去煮，卻發現這個醬料真是廚房一寶。這種配料其實就是薑蓉做成的調料，我是薑蓉的狂熱愛好者，這一下可讓我有了發揮的餘地。小時候在上海生活的時候，我們家廚師在夏天做的一道私房菜就是蒸茄子，茄子切成細長條，疊起放在盤子裡，上籠蒸軟，然後把薑剁成細末撒在上面，再淋上麻油，

那個滋味，每次想起都流口水。我成了家裡廚子後，要兼顧工作和其他閒職，所以根本沒有時間去剁薑，就這樣和蒸茄子絕緣了好多年，拿到這瓶薑的第一時間，就和茄子恢復邦交了。潮州人喜歡吃的蠔餅和台灣人喜歡蚵仔煎在我們家都受到歡迎，但蠔非常腥，很難處理，我就用這薑蓉去醃伴蠔，既簡便效果又非常好。這樣好的醬料，還有啥要抱怨的呢。因為不是想買就買得到的。

林先生聽了我的投訴，立刻放下了筷子，認真地解釋了起來，他承認我說的是事實，但事出有因。因為這個配料裡用了一種雞粉，而符合美國HACCP標準（美國的肉類安全衛生控制策略，概括起來主要包括動物衛生控制、殘留監控、食品原性微生物的監測及在加工廠推行計畫幾個方面）雞類加工廠東南亞只有一家，所以新加坡生產商必須向那家要貨，才可以得到罐頭類食品的FDA註冊認證（FCE號和SID號申請），才有可能把貨品進口美國，因為雞粉的貨源有限，往往在時間上很難配合，所以有時會出現斷檔的現象。

原來是為了食品的安全。話說回來，美國現在複雜、詳盡的各種食品安全法規，也是在經歷了一場大的食品安全事故後才得以陸續制定。一百年前，長篇小說《屠宰場》描述了美國食品衛生狀況的糟糕程度。此書一出，立刻激起了民眾的憤慨。於是，《純淨食品與藥物法》才應運而生。如今美國已有了相當完善的法規制度，但美國疾病預防和控制中心的資料仍顯示，每年還有六千七百萬左右的美國人因食品安全問題得病，所以不能掉已輕心。不過我暗自得意，知道內幕消息了，以後買這個牌子的醬料，不會一次只買一瓶了。

康元的故事

　　康元其實是新加坡餅乾的鼻祖，是生產商。那為什麼會成為食品代理商，林先生歎了一口氣說，那是被逼的。因為當時南北兩家代理商為了爭奪市場，居然都拿了康元這個牌子的餅乾去打壓對方。作為生產商當然不忍心自己的產品被當槍使了，所以毅然拿回了代理權自己做，就這樣，康元起步了。

　　作為食品代理商，不是做一個產品從廠商的倉庫到出售的商店中間的橋樑那麼簡單，我問林先生，是否合約是他們法寶，他搖搖頭說，合約只是為了毀約而定的（Contract is written to be broken），多麼有哲理的一句話！做生意靠的是相互間的信任，這麼多年，康元堅持自己的原則，不見錢眼開，規規矩矩做人，老老實實做生意，現在已經代理南北貨和中國土產一千五百多種，生意遍佈美國東西兩岸。

　　他說起了一件趣事，經常出差的他，一次坐小巴去機場和同車人談天，大家習慣了在車上談吃的，對方介紹了某一種薄餅，說是馬來西亞的產品，有蔥油和原味兩種，他一聽就問，是不是原味那種是紫色的包裝，對方說連忙點頭說：「就是就是，怎麼，你也喜歡？」林先生頓時覺得一種滿足的幸福感，因為這種薄餅正是他應馬來西亞政府之邀，在他們兩千多種食品中，為灣區大眾精心挑選的入口的其中一味食品。

　　為了這款薄餅的進口，他不知花了多少時間和心血。最初是為了這兒的馬來西亞人挑選了這款薄餅，但既然要做，對方廠家的投資，要達到GMP，運輸的成本，沒理由只做一款，所以考慮了在灣

區中國人的口味，發展了蔥油這個新品種，然後還要設計包裝，連產品名字都重新改過。真巧，這款餅也是我摯愛早餐。薄餅有很多種，但這種餅非常精緻，煎熟之後，會分成許多層次，有香又脆，而且大小正好是一個人分量，一包五個，一包才1元多，非常符合我美味一定要經濟的原則。每天早上，香濃咖啡加香脆薄餅，開始了我朝氣蓬勃的一天！

談吃的，永遠談不完，只顧說話，原來餐廳已人去屋空，我也只好放他回去，不過臨走，我還要對著他遠去的車大叫一聲：「別忘了，多去找些好吃的！」

食品安全小知識

FDA是美國政府管理食品入口的專項機構——食品藥品管理局（FOOD AND DRUG ADMINISTRATION）的簡稱。FDA隸屬於美國人類健康部。其主要使命是執行政府有關食品藥品等方面的法令、法規，確保消費者的健康、安全，具有涉及面廣，規定嚴格等特點。

FDA執法所遵循的主要政府法令有即：一、聯邦食、藥及化妝品法案；二、合理包裝及標記法案；三、控制輻射、確保健康安全法案；四、營養標籤及教育法案。

具體到食品，鑑別食品合格程度有三個條件：

一、合格工廠標準。所謂合格工廠，即達到GMP（GOOD MANUFACTURING PRACTICES）標準。二、缺陷最高額度。主要針對動植物生長過程中所使用的化學品的控制，指對某類成品的受污染的容忍最高限度。例如花生中黴菌度（泛指黃麴黴菌）最高限度為二〇ppb（即十億分之二十）。三、包裝標記法規。要求真

▌康元代理的海南雞飯醬

實無欺，說明問題。包裝上要求註明正確的廠址、廠名，食品的正確中英文名稱，以及正確的成分、含量、淨重、形態等。同時另行註冊並完善「營養標籤」。

為江澤民燒揚州菜
——中國名人的家鄉菜之宴

　　那一年，台灣連戰、宋楚瑜的中國之行，大批隨團的記者貼身的報導，使人們知道了名人的許多往年舊事，衣食住行的趣事，尤其是他們獨特的家鄉美食。不過，美食這東西，當然以親口品嘗為實。為此，我借此機會來到灣區帝利市的玉龍餐廳，請為許多名人做出豐盛宴席的大廚甘永業，讓他為讀者開了一桌中國名人之宴。

宋楚瑜的湘妃雞

　　甘永業這次挑了幾位口味不重的的名人喜歡的菜式，首先是宋楚瑜的喜歡的湘妃雞。宋楚瑜是湖南湘潭人，是一位對故鄉有著深厚情誼的人，從報載他用湘江水來沖泡台灣茶就可知道。

　　湘菜一是著眼於造形的美觀，還處處顧及到烹調的需要，故能依味造形，形味兼備。製出的成品，不但造型完整俊美，而且肉質鮮軟酥潤，吃時滿口生香。湘菜二是長於調味，酸辣著稱，味感的調設精細入微。湖南人喜歡吃雞，方法有許多，這味湘妃雞，使用了湖南的辣椒配料的醬汁，淋在特製的雞上面，雞的鮮嫩，加上醬汁的微辣、酸甜，果然與眾不同。

　　聽甘師傅說，宋楚瑜對上海菜也情有獨鍾，當年他吃過了甘師

傅親手庖製的上海名菜糟溜魚片，握著甘永業的手，連聲稱謝。甘師傅的糟溜魚片，燒出了他媽媽的味道。宋楚瑜媽媽胡窕容是蘇州人，燒得一手好菜，但因年事已高，不再下廚，所以宋楚瑜在美國能吃到他嚮往已久的媽媽口味，當然是喜出望外了。

玉龍餐廳的糟溜魚片，糟汁是自己做的，絕非超級市場可以買到的普通貨，非常有水準。這一道菜魚片白如雪，糟香即濃且醇，間有木耳點綴，整道菜晶瑩閃亮，看了就不禁食指大動。

汪道函喜愛的水晶蝦仁

最近和宋楚瑜會面的前上海市長，中國海基會會長，90多歲高齡的汪道涵，曾三次來美訪問，三次都讓甘永業為自己烹飪道地的家鄉菜。其中他最喜歡的是上海燻魚和清炒蝦仁。每逢過年，上海人家的幾乎家家戶戶都會有燻魚做冷盤，從中可以看到燻魚在上海人心中的地位。上海人喜用青魚做燻魚，用茶葉做煙燻的材料。

汪道涵要甘永業做的另一道菜更是上海的名菜——水晶蝦仁。據說吃了之後，給了甘師傅一句話，在甘師傅聽來，確實最高的褒獎了，他說：「你的清炒蝦仁可以比擬上海靜安賓館的水晶蝦仁了。」

「靜安賓館」是上海的國營賓館之一，以前常用來接待外賓，國際名流雲集。它在一九七七年首創水晶蝦仁，曾被評為「上海第一名

菜」，那水晶蝦仁真的色澤潔白如玉，油亮得像水晶，而且個頭夠大，在河蝦中算是罕見的。至於口感呢，軟中帶脆，鮮美無比，真可說是炒蝦仁中的極品。美國前總統尼克森等人都曾予以高度的評價。

這道菜的做法，是選用優質新鮮河蝦，去頭拆殼後，用清水洗得發白，並用蛋清等調味料，放在冰箱中醃二至四小時以上，才能下鍋，煞費功夫。成品鮮香脆嫩，色澤潔白如玉，又油光透亮，有如水晶，因而得名。如今每年的消費量仍高達數十噸之多，真是不可思議。

要在灣區做這一道菜，談何容易，因為不可能找到活的河蝦，所以汪道涵對甘永業的清炒蝦仁，有如此高的評價，實屬難能可貴。

江澤民的揚州菜

九〇年代，前國家主席江澤民訪問美國，當他在舊金山逗留的時候，議員范士丹（Diane Feinstein）宴請他，大廚就是甘永業。江澤民是揚州人，而甘永業正是學揚州菜出身，所以給江澤民煮幾味拿手家鄉菜，對他來說沒有什麼難度，江澤民對他烹飪留下了非常好的印象，尤其是蟹粉獅子頭和揚州乾絲。

二〇〇〇年三月二一日，美國布希總統訪華，最後一餐便是江主席「家宴」，共有三菜一點。這三道菜是有兩道是揚州菜，其中之一便是「獅子頭」。獅子頭之歷史，可追溯至隋煬帝。那時，楊廣到揚州看了瓊花之後，回宮想念風土，御廚便做了一道「葵花獻肉」來應揚州「葵花崗」的景，這便是獅子頭的前身。而後，到

了唐代，郇國公設宴，府中亦製「葵花獻肉」，郇國公看那大肉丸子形如獅子之頭，便稱之為「獅子頭」。這清燉蟹粉獅子頭，也是玉龍餐廳的招牌菜，此菜純用清燉，原汁原味，蟹鮮肉嫩，爽口軟糯，真是百吃不厭。

揚州菜選料講究，刀工精細，注重火功，鹹甜適中，實為不可多得的一種菜式。甘永業的揚州乾絲，可以把一塊白豆腐乾，批成十八片，在切成細絲後，加上火腿絲、雞絲，用雞湯小火燜製而成，湯鮮潤嘴，三絲綿軟，色彩美觀、清鮮爽口，饒有風味，不愧為揚州傳統名菜。

逢酒必歡

　　從小時候在飯桌上爺爺用筷子蘸著酒讓我們試嘗，我就開始喝酒了，所以我的酒齡漫長。我不是酒鬼，因為遠遠沒達到無酒不歡的程度，但不諱言，我什麼酒都喝，白酒、黃酒、葡萄酒、啤酒以及威士卡、白蘭地，逢酒必歡。我對喝酒沒有很深的研究，什麼講究產地、年份、牌子，但絕對看場合選酒，或是看菜喝酒，最要緊的是奉行「經濟喝酒」（哪種酒減價就買哪一種酒）。

葡萄酒和黃酒

　　我喝的最多的是葡萄酒，葡萄酒通常分靜態（Still wines）和氣泡（Sparkling Wine）兩種，這兩種酒的分別在與是否保留發酵時所產生的二氧化碳，如果保留即是氣泡葡萄酒，如讓二氧化碳跑掉，就得到靜態（不起泡）的葡萄酒，兩者的酒精含量都一樣8至14%。氣泡葡萄酒分白氣泡酒，玫瑰紅氣泡酒（紅的氣泡酒很少），和加烈葡萄酒（Fortified Wines），那是在葡萄酒中添加白蘭地（烈酒），酒精含量17至22%。最著名的加烈葡萄酒為葡萄牙的波特（Port）和西班牙的雪麗（Sherry）。

　　我常喝的是靜態葡萄酒，依原料或釀造方式的不同可細分為以下三種靜態葡萄酒：紅酒（Red Wine），用紅葡萄的汁連皮發

酵的酒。白酒（White Wine），不管是紅葡萄或白葡萄，葡萄的汁都是無色的，用無色的葡萄汁發酵即得白酒，和玫瑰紅酒（Rose Wine），紅葡萄連皮發酵時間較短，釀出來的酒就是顏色較淡的玫瑰紅酒了。另外，白酒跟紅酒顏色的不同，除了葡萄品種的不同外原因外，白酒先榨汁再發酵，紅酒先發酵再榨汁。

我每天晚上都會喝一小杯葡萄酒，基本上都是紅酒，一是因為紅葡萄可提煉紅酒素蘊含SOD（Super Oxide Dismutase），是最佳的抗氧化物，能夠提升整體健康及改善免疫機能，據說說明排毒暢順延緩衰老。另外一個原因我喜歡喝甜的酒，白酒多數不甜，稱為乾酒（dry），加上我的經濟原則，所以國產的張裕紅葡萄酒和中國紅葡萄酒最合我心意了，3元左右一瓶，可以喝上一星期。雪麗（Sherry）酒雖然烈，但也是甜甜的。

有人稱紅酒是開胃酒，不過我是喝酒為佐菜，多吃一點菜，就不吃米飯了，記得有一段單身的日子，每天晚上只要在家，通常燒滾一鍋水，把魚片，肉圓，蔬菜和各色菰類全放到鍋裡滾熟，然後就著紅葡萄酒下肚，既簡單又健康的美食，伴隨著美妙的音樂，我常常懷念那段時光。不過紅酒最合適是搭配口味較重的菜肴，因為紅酒氣味強郁多層次。

其實，我最喜歡的甜酒是日本的梅酒（Plum Wine），琥珀色的酒液，放上幾塊冰塊，冰鎮下的淡雅清致的果香，濃郁甜美的口味，令人想醉。記得有一次搭坐日航，驚喜地發現他們免費供應梅酒，我連著續杯，航空小姐擔心我會醉，我笑著答道：「這正是我的目的，來吧，滿上！」

我喝酒，除了想多吃菜，好多時為了追求「熏香柔靡，炫目醉心」，喝中國的黃酒和白酒都能容易達到這種意境。因為酒精的濃

度高於葡萄酒。

黃酒是中國歷史最古老的酒，以紹興黃酒最負盛名，在海外被統稱為「中國酒」。紹興黃酒因其釀造工藝的差別，共分為加飯、花雕、香雪、善釀等多個種類。紹興地區頗具特色的一種黃酒叫「女兒紅」，相傳紹興人在女兒出生時，便將一壇黃酒埋入地下，等女兒出嫁時方打開招待親朋。因為是裝入花雕酒罈，因此也叫花雕酒。

好的黃酒晶瑩透明，光澤柔潤，潔淨而無雜質，同時在上，漿汁粘綿，堆盅不溢，記得很久之前的上海，我經常買一些上海人稱之為「另拷」的酒，（不是原瓶出售，而是大缸酒零售，需自帶瓶子去買），把花雕和善釀酒混在一起喝，因為花雕有較輕微的酸味，而善釀很甜，粘稠掛杯，但兩者混在一起，均衡了醇度和口味，喝上一杯，餘香回甘。正因為黃酒入口易，雖然酒精程度沒有白酒高，黃酒也容易喝醉。黃酒通常加熱喝，另外在酒裡放上一、兩顆話梅，可增加口味的層次感。

白酒和啤酒

白酒分為醬香型、濃香型兩種。被稱為「國酒」的茅台酒是「醬香型」。其酒體醇厚，回味悠長，空杯留香經久不散。據說，一位外國品酒家曾用氣相色譜儀對茅台酒進行過分析，結果發現，酒體中竟包含有二百三十餘種香味香氣成分，其中三分之二尚無法辨別出是何種物質。記得有一次，我在朋友家用膳，他做的醉雞特別香，打聽下來，他竟然用的是茅台酒，我大呼小叫地控訴他糟蹋了國粹，簡直是犯罪，而他竟欣喜的把所有的國酒都奉獻給我，因

為他不會喝酒。

啤酒是由水、麥芽和啤酒花（即蛇麻）經酵母發酵而成的。由於啤酒的主要成分是水，所以水質對啤酒的品質有著很大的影響，而酒精含量是隨著啤酒的種類和製造商的不同而變化。一家美國廠商曾推出一種酒精濃度達25%的啤酒，名字叫亞當斯的烏托邦，這種用銅制酒瓶裝的烈啤酒，賣得比頂級白蘭地還貴。

我最喜歡喝德國喜力啤酒（Heineken），因為口味純，如果考慮經濟效益，國產的青島啤酒是我的首選。我也愛喝生啤（新鮮啤酒），泡沫多，在香港和大陸餐廳都有堂吃，啤酒公司每天用特別的卡車把新製的啤酒運去餐廳，在灣區，也有許多美國餐廳自製啤酒堂賣，口味相當不錯。

喝了這麼多年的酒，覺得看菜喝酒很重要，例如吃火鍋時喝啤酒很爽，啃鹵水鴨膀，最好來點白酒，不用貴貨，最普通的二鍋頭就可以過癮。佐大閘蟹的最佳酒類非黃酒莫屬，但椒鹽花生和鹽水毛豆一樣可以帶出黃酒的魅力。喝紅酒的配菜，煙燻三文魚和烤牛排是一流的選擇。當然我的體會有限，不過也算對爺爺栽培我喝酒有所交代了。

最興奮的一次喝酒，是意外地品到了名酒。那次和朋友的一家吃飯，臨時被他們的朋友邀請同桌，好傢伙，我一眼看見了桌子上眾酒之中的大陸名酒劍南春。劍南春是與茅台、五糧液齊名的中國三大白酒之一。精選高粱、大米、小麥、糯米、玉米糧食做釀酒原料。採用老窖發酵，微機調味，精心釀製而成。以芳香濃郁、醇和回甜、清冽淨爽、餘香悠長的獨特風格聞名於世。我品過茅台和五糧液，但從未見過劍南春，顧不得儀態，舉手問主人，：「我能申請喝劍南春嗎？」主人家的熱情使我受寵若驚，他們簡直不讓我

停杯，我一停下來，他們就滿上，杯底敲敲桌面，舉起杯，向著我說：「彬彬，乾！」這樣的動作重複得太多次了，以至我洋夫以為「彬彬」這兩個字是有什麼特殊意義的中國祝酒辭，後來我才知道，這主人家是灣區的大企業家，有名的酒神仙夫婦！

餐桌上的戰爭

　　在餐桌上打仗？吃都無安寧？當然不是，戰爭有很多種，這裡指的是中美家庭的食物文化統戰。統戰工作並不是在婚姻一開始就展開的。初時，大家都沉醉於嘗鮮，像發現新大陸似的相互品嘗對方食物的特色。尤其是我，覺得很幸運，因為德裔的老公居然喜歡吃米飯。主食，通常是不同地區人們差別最大的食物了，例如同是中國人，也會為主食吃麵或吃飯而起矛盾。我不怎麼喜歡麵包，乾呼呼的好難下嚥，如果讓我每天要啃麵包當飯，我會很嚴肅地重新考慮這婚姻的實在性，也聽過其他的中美夫妻，在主食挑選上的矛盾，他們的解決的辦法，基本保持各自的飲食習慣，可是有時候總想和另一半分享自己的最愛，食物的統戰工作也就是從這兒開始的。

　　作為家庭主婦，有時候也會難免有不想燒菜的時候，尤其是有段時間，我們有六張口，六張口背後的地區文化都不同，真所謂眾口難調。如果在家鄉，我會號召吃火鍋，操作簡單省事時又熱鬧豐富，我頗為老祖宗的這一創舉自豪。可是洋老公怎辦呢？老外的吃文化最明顯的特徵是分餐，就是他們愛吃中餐，接受了中餐的食物集中制，但也必需要用公筷，而火鍋眾筷一鍋，而且是生熟不分。不過這些困難難不到我闔家團圓吃火鍋的決心。我決定從他最愛吃的食物下手。

　　洋夫最愛吃雞翅膀中段，被他稱為手指食物（finger food），

是美國人看電視球賽時的熱門食物，曾有次，老公跟我去採訪餐廳，那位廚師做的乾烹雞翼讓他喜出忘外，連連建議對方另闢了餐廳，專門製作雞翼，他擔保說，美國人一定會排長龍來搶購。可惜這位廚師的志向不在於此，洋夫的願望落空。我曾經成功地讓他愛上了廣東小菜「北菇燜雞翼」。我的計畫，是把雞翅膀當做火鍋涮食材的一種，再加上用他喜歡的醬料相佐，引誘他向火鍋入筷。洋夫懂什麼是火鍋（hot pot），雖然英文一樣，當然和我們的火鍋吃法完全不同，那只是一鍋熟的乾鍋燒而已。我精心涉及了川味火鍋，味濃，還可以放入醬料，除非奶油湯，洋人不太喜歡沒有顏色的食物和湯水。然後用花生醬再加辣醬調稀後，把在火鍋中煮熟的雞翅膀薄薄搽勻了醬料，送進了他嘴裡，等到他喜行於色的時候，才告訴他這是火鍋產品，從此以後，我們一說吃火鍋，他就連忙點頭說：「我喜歡，我喜歡（I like it）。」

人說，音樂無國界，其實口味也沒有國界，例如某人喜歡吃酸的，那即便是某種食材，某種飲食習慣他不認同，但為了他所喜愛的口味，他會去嘗試，回去妥協。如果掌握了這個祕密，那麼我們的食物統戰工作可以不費吹灰之力地獲得成功。

我的祖籍是湖南，有味家鄉小炒，辣椒酸豆蔻，小時候還是祖母依照風俗讓我們嘗過鮮，多少年了沒吃上了。沒想到，這兩年，包裝的酸豆蔻竟然出現中國超市裡了。正好我老爸從香港來美探親，我忙不迭地買了酸豆蔻加肉末和紅辣椒爆炒，看老爸吃得喜孜孜，卻忽略了旁邊還有一位吃得欣喜若狂，那就是洋夫。原來德國人有吃酸菜的習慣，德國酸菜（Sauerkraut）是德國的傳統食品，圓白菜或大頭菜醃製。在美國的普通超市有很多種類，罐裝袋裝都有。從此，這味家鄉小炒成了洋夫的飯桌上的保留節目了。

大麻和藥膳

中國飲食傳統習慣在我家受到最大衝擊應該是那一次。

夏天的早上，報社的電腦上的版面只填了一小角落，突然桌上的電話響起，早上正是編輯部最清靜的時候，我也正是為了這份寧靜而早早前來工作，此時的鈴聲大作，而且是完全沒有期待的，真的被它嚇

小肥羊火鍋

得人差不多跳起。只聽到那頭我洋公壓低的嗓門，詭秘帶點恐慌：「不好了，有人在家裡抽大麻！」原來，洋夫送了我上班後，就徑直超市購物，再回到家中，就聞到一股濃烈的大麻味道，在加州，匿藏大麻都是大罪，不要說這樣公開讓大麻的氣味四竄八通了，洋夫尤其擔心我們住的社區都是中國人，那更會敏感。我們百思不得其解，正好當時小兒子的好朋友高力從內華達州來看他，在我們家小住，洋夫懷疑是他一時貪玩，大麻管制在內華達州比較寬鬆。可高力和小兒子還在睡覺，洋夫一時無主意，一定要接我回去，萬一碰到不會講英語的中國鄰居打聽，至少我可以解釋一下。

一個小時後，我回到家裡，家裡也是寂靜一片。我不覺得有

特殊的氣味，跟著洋夫上下走了一次，然後在廚房我發現了。我拿起一個剛煮了中藥的鍋讓他聞：「是否這就是你說的大麻味。」他連連點頭，我不禁大笑起來，這是大兒子的女朋友最近因為熱氣而熬的中藥湯。她熬的時候洋夫正好不在，她喝完湯就走了，留下了一屋子的中藥味，恰巧我老公回來了，聞得個正著。當我解釋完一大通草藥的原理，洋夫望著黑呼呼的湯藥渣，一臉的詫異：「她聞聞就行了，為什麼還要把湯喝下去？」說著他臉部的表情變得很恐怖。天啊！他還把這鍋藥湯和大麻相提並論。

洋夫喜歡吃我燒的中國菜，包括蔬菜，唯一不能接受的就是中國的中藥，以至我在煲廣東湯的時候，要更改以往的習慣，只能放點沒有味道的藥材，例如枸杞，連西洋參都不敢放，所以當我收到邀請，去新開張的小肥羊火鍋品味時，我著實犯難了。雖說是洋夫在我的「統戰行動」中，已經接受了邊涮邊吃的火鍋，可小肥羊火鍋的賣點就是利用藥膳的68種獨特配方加以雞湯調製而成湯頭，加上優質的草原羊肩肉不蘸調料的特別吃法，「藥膳」和「羊肉」都是洋夫最忌諱的，還要不沾調料，我怕他走進店堂聞著味就會逃走。他擔心我晚上開車找不到方向，所以堅持要送我去，還安慰我說，萬一頂不順，就會到隔壁的美國速食店躲避。

說也奇怪，事情的發展出乎我們倆人的意料，雖然整個店瀰漫濃郁的中藥味，但他並沒有逃走，而且愛上了這款羊肉火鍋，原以為因為是麻辣味的緣故，後來才發現，是孜然、草果的獨特香氣，老外喜歡孜然這種香味，對孜然（Cumin）他們並不陌生，西方的料理也常用孜然來做調料，孜然是茴香的一種。也是配製咖哩粉的主要原料之一。這真是一個奇蹟，他不僅吃得歡喜，還耐心地和我一起學習藥膳火鍋的正確吃法。

鍋裡藏乾坤　湯甘回味長

小肥羊是代表中國傳統飲食文化的佼佼者。食物出品嚴格規範，在這點上，就像麥當勞、肯德基一樣，可以成為開遍全世界的連鎖店，使用綠色食品，更讓他們引領了火鍋潮流的新食尚。

從小時候品嘗的，為上海人津津樂道的菊花火鍋，到後來風靡台灣、香港的麻辣燙，火鍋早已發展成了一種飲食文化潮流，這是因為火鍋符合現代人對飲食健康、方便、低熱量的需求，而近年來，在這個潮流中獨樹一幟，引領文化的，非屬小肥羊火鍋了。

記得多年前在上海小住的時候，曾捲入了上海滾滾的火鍋熱浪中，樂此不疲地穿梭於不同的火鍋店，但能讓我深植記憶的，只有在漕寶路上不蘸調料特別吃法的小肥羊火鍋。當時納悶，怎麼可能，火鍋向來就是靠調料帶味，但嘗試了味道豐富而濃厚湯頭之後，澈底信服，湯頭甘津潤口濃郁鮮甜，根本不需要再增加任何調味料，而且更帶出了火鍋食材的新鮮原味，不由深深佩服這個非常科學的創舉，因為減少用調料，也就是減少的油脂及熱量的攝取；小肥羊湯水久煮不變淡的祕密在於含有六十多種材料的祕方湯底加以採用天然新鮮材料調製而成的湯頭，分為麻辣和清湯兩種，麻辣鍋突出孜然口味，麻而不失香醇，留香長久；清湯鍋底的桂圓枸杞的清香，回味無窮。

從未去過灣區小肥羊火鍋店，只怕現今世界抄襲太多，萬一碰上個魚目混珠的，那就會破壞了小肥羊火鍋在心目中的美味記憶；直到老友盛邀，才來到了位於聯合城（永和超市所在PLAZA）的美國第一家內蒙古小肥羊火鍋店。走進店門，孜然、草果的獨特香氣四溢，店堂寬敞明亮清潔，牆上懸掛蒙古飾物和圖片，顯塞外風情，輕輕卻悠揚悅耳的草原音樂令人鬆弛。全店採用的是電磁爐，乾淨安全，侍者訓練有數，原來小肥羊早已企業化，不論是服務品質、還是菜品、調味品的嚴格控制等各方面實現更優管理，進入了中國企業五百強，也是中國最有價值的品牌之一。

不消說，在那我重拾當年美味，他們的湯底是有總公司統一配送，調製過程的每一道工序都有嚴格要求，保證了品質標準和口味統一。火鍋羊肉，選自出產於無污染的紐西蘭春羊的極品羊肉肩，肥瘦均勻，口感極佳；偏瘦的羔羊腿肉，肉質鮮嫩，還有肉質綿香的極品肥牛，口感鮮滑，海鮮食材，品種眾多，樣樣新鮮，其他的特點如蒙古肉餅，外酥內軟、香脆誘人小肥羊春捲及濃郁不油膩的羊肉串，涼拌莜麵（即燕麥麵）和寬粉均是來自內蒙，風味獨特且健康，口感即爽滑，又韌勁十足。最難得的是，小肥羊還創導了火鍋的正確吃法。首先，當鍋底的湯滾開後，先舀上一勺品嘗一下，目的是暖身，嗅香，引起食慾；接下去的步驟是先涮肉類和海鮮，再是菌類和蔬菜，最後才是豆腐或麵食，此舉保證了湯汁的鮮香濃郁和保持了各種食材的營養元素能被充分吸收，最後再喝一碗吸收了各類食材滋味，又添加青蔥芫茜的濃湯，那真是，濃郁入腹腑，香味留齒頰，回味悠長。

小肥羊火鍋自從一九九九年在內蒙古包頭市成立以來，短短幾年間發展到有703家連鎖店的大集團，「內蒙古小肥羊火鍋店」遍

布了全國32省市，包括香港地區和台灣、日本、美國和加拿大。二〇〇二年「小肥羊火鍋」通過了ISO9001：2000國際品質管制體系認證及國家綠色食品認證。幾年來陸續獲得「全國餐飲企業百強第二名」、「中國名火鍋」、「中國企業五百強」等三十多項榮譽，也是是中國五百大企業中唯一餐飲企業。「小肥羊LITTLE SHEEP及圖」商標又被中國國家工商行政管理總局商標局認定為「中國馳名商標」。並在世界上26個國家進行了商標註冊。

二〇〇七年六月二十二日，國際五大品牌價值評估機構之一的世界品牌實驗室（World brand value lab）和《世界經理人週刊》聯合主辦的第四屆，「中國五百最具價值品牌」評選結果在北京人民大會堂公布：「小肥羊」以59.16億元人民幣的品牌價值入選五百強，排名104位。這是小肥羊第三次入選。

二〇〇八年四月二日小肥羊」繼連續三年獲得優秀特許品牌殊榮後，小肥羊火鍋獲頒二〇〇七至二〇〇八年度「中國十大優秀特許品牌獎」！公司董事長張剛亦榮獲「中國特許經營十年發展貢獻獎」。

二〇〇八年六月一二日，小肥羊成功在香港上市。

二〇〇八年一〇月三日，小肥羊榮獲第二屆中國品牌節最高榮譽──「華譜獎」及「金譜獎」最具代表性區域品牌。小肥羊是惟一入選的品牌餐飲企業。

二〇〇九年三月二〇日，小肥羊獲選為香港U Magazine主辦的「我最喜愛的食肆選舉二〇〇九」之「我最喜愛的火鍋店」，該獎項是由香港市民和知名食評家在香港區域的網上投票而得出。

明苑五十一年

　　著名的電視頻道CBS五深受歡迎的電視節目「放眼灣區」
（Eye on the Bay）在介紹傳統的經典灣區菜式時，介紹了Palo Alto
明苑餐廳，這是一家灣區的居民都非常熟悉的高檔次的中國餐廳；
在明苑二百多款菜式中，電視節目製作人挑出了其中兩道菜作為經
典的重點推介，一款是明苑的雞絲沙律，另一款是明苑牛肉，無獨
有偶，這兩道菜也是最受食客歡迎的菜式，可以說是拌著明苑的走過
了漫長的半個世紀，見證了華人社會在灣區的奠定，發展和變化。

　　一九五六年，舊金山中國城的冠園餐廳（Kan's）在Palo Alto大
學外面的El Camino Real街上開了一家分店，店名就叫明苑，也是
在中國城外第一家中國餐館，當時的東主是中國城的移民第一代。
一九六七年，明苑搬到了Embarcadero街，就在101公路的出口處，
最大方面食客的除了可以同時容納500人的各式廳房外，就是古雅
建築外的巨大停車場。明苑易手三次，一九八七年，回歸合約的簽
訂，引出了在灣區出現香港移民潮，當時的香港東主索性把在香港
出名的美心餐廳的點心師傅大哥陳帶到了灣區。把廣東的點心加進
了明苑的功能表，以慰新移民的思鄉之苦，從此中半島的居民，不
用長途跋涉去舊金山，也能享受地道的傳統飲茶食俗，而明苑點心
是現今被譽為灣區最好吃的點心之一。

明苑的雞絲沙拉，是由中國的雞絲拉皮衍變而來，西方人的口味，不喜歡黏黏糊糊，所以明苑成功的改造了這款菜主要靠加放西方人喜歡的脆生菜，雞絲拌著些許芥末，乾爽利口，深受食客的歡迎，成了明苑的招牌菜，當初是為了西方人所設計的，而今在美國出生的ABC們的愛戴。另一味受到推崇的是明苑牛肉，也是一反肉片細小汁多的中國傳統，而是把牛肉橫向切成大大塊，做法也採用了類似美國燒烤的乾汁煎香的效果，是明苑功能表上，點擊率最高的菜式之一。從這兩道菜式的受歡迎程度，可以體會出東主郭譽佩所說在美國經營餐廳，變化是必需遵守的規則。中菜西化包括了中菜用西式材料，中菜西做和中菜西式演繹等等，例如明苑的火焰五寶盒：這是一道由廣東燒味拼盤變化而來的頭盤菜，內容有春捲、叉燒排骨、鍋貼、酥炸大蝦、脆雲吞及乳酪蟹，當美麗的火苗把春捲及叉燒舔礪得滋滋做響的時候，濃郁的香味直入腹臟，這是一道非常有創意的菜式，美味及視覺質感兼具。

明苑能五十一年繼往開來，現任的東主郭譽佩功勞不小，這位台灣大學外文系的榮譽生，也是一位美食家，接管餐廳十多年，這樣一位文人，且沒有任何餐飲經驗，如果沒有對中華美食的熱愛和熱情，很難想像她是怎樣克服種種困難，即保持粵式美食的傳統，又善於推陳出新，中國人陶醉於家鄉的口味，也吸引了外族裔對中國菜的熱誠。郭譽佩曾接待過前國務卿基辛格博士，也和中國的搖滾樂之王劉歡笑談甚歡，台灣首富郭台銘也在那兒宴請過朋友。郭譽佩把明苑餐廳當作推廣中華美食的一個平台，只要客人滿意的菜式，她會附送烹調法，並每日精心製作新鮮的醬料供顧客選購，讓顧客在美食之餘，也能在家效法製作心愛的菜式，使明苑餐廳即是享用美食的佳地，也成了中華食俗和文化的傳播之處。許多華人團

▌ 郭譽佩看著俄羅斯裔的小姑娘給獅子大　▌ 這款明苑提供的紅酒也是郭譽佩丈夫，
　紅包高興地拍手大笑　　　　　　　　　一位史丹佛大學退休教授的心頭好

體喜歡定期聚集明苑，美年的農曆新年第一個週末，成立已有十多年的Palo Alto青年舞獅團的成員都會應邀在明苑餐廳為茶客表演中國傳統的舞獅，讓不同族裔的人們都能感受節日氣氛。

總編的話

　　「每天起碼晒10分鐘太陽，再加上均衡的飲食，那麼基本上就可以應付身體日常之需。」我一直遵守著多年前醫生的囑託。我是一個被鑑定為骨質退化，動過無數次手術的人，但是這些年來沒有特別服用藥物補充，反而，從要拄拐杖走路到可以學跳舞，自己覺得體能大有進步。那麼，每日的基本所需充沛，還需不需要養生滋補？十多年前，我也曾就這個問題，問了東叔。東叔是我在香港居住時認識的中藥房的中醫師，每天到他那兒去掛號的街坊有100多人，經他診治的通常是老少三代人。東叔說：人體的器官和工廠的機器一樣，長年累月的工作總會有損耗，所以維護加油保養是必須要做的，況且人還會受到情緒的影響，體能受到生活超負荷的衝擊。

　　最近我們為中國奧運會而操心，為油價米價的飆升而煩惱，為中國和亞洲的天災人禍而憂慮，精神和物質上的多需求使我們要更加努力的工作，每日基本的所需肯定是不足夠的了。今期《品味軒》推出的「漫漫人參路」，向大家介紹養生的仙草西洋參，最溫和保險的補品；為此編輯部還特意採訪了許氏人參的總裁和太子行的總經理，把西洋參的特性來一個全面大披露。人體保健的基本離不開吃，羅敷把奶奶的紅糖帶去了歐洲，又把它傳來了美國，看看

提倡「紅糖主義」的她，會給我們帶來什麼樣的驚喜。

　　鑑於最近負面的新聞太多，編輯部因此在《飲撰風流》挑選了一個有趣，又有點神祕的話題，張慈在兩年前採訪寫成的「天緣」，故事主人公最近成了各大媒體的本地頭條，張慈在文章中不但挖掘了主人公的內心世界，媒體所遺漏的深層面，更大膽地下了「她不屬於凡間」的定義，大家在茶餘飯後可以盡情地討論西方科學和東方哲學之間的關係，如同我們身體需要均衡營養一樣，不同的話題可以適當的調劑心理，平穩情緒。

　　今期的《戀戀廚房》，為喜歡或不喜歡下廚的朋友都帶來了驚喜。善解人意的廖諾庭，教大家如何做一個美味的蛋糕，因為再成功的宴會都少不了甜點，那是晚宴的一個精彩的句號。留意從這期開張的《食雕課室》，跟著張健學幾手蔬果雕刻，為自己或他人的餐食錦上添花。只要我們學會了其中之一，即便不下廚，一樣會得到別人的喝采。

　　有無這樣的經驗，看到放在桌上一碟菜，嚐在嘴裡味道並不是我們從它的色觀及香味所想像的那樣，人生也一樣，有多少我們腦子裡想像的畫面能在現實中實現，有多少出乎意料的「滋味」使我們的人生跌盪起伏。《百味人生》的「體驗生活」的故事告訴我們，雖然生活不可預設，但可以在體驗中豐富。

　　像一位充滿著熱情創意的廚師推出的饗宴，《品》也是我們編輯部的心意之作，它的「滋味」是否是讀者所期許的，是我們最想知道的。不如我們來個互動，請告訴我你們口味，無論是來信和電郵我都會親自閱讀，藉此把《品》辦得更有生有色，滋味無窮。

《品》2008年3月期

飲食媒體的內幕

　　美食文章基於什麼目的出爐？怎樣幫兩競爭對手寫稿？和美食打交道是否美味無邊？飲食媒體又是如何操作？

給一個理由讓大家去吃

在做副刊記者的時候，有一個欄目就是介紹餐廳，我時常想，好吃的東西，如果在加上一個很好的理由，大家吃起來更喜悅了，於是乎，產生了寫節氣介紹美食的專題。

天地始交　萬物繁茂　立夏養生飲食

暮春季節，可以用「百般紅紫鬥芳菲」來形容。說到暮春，也就意味著夏天離我們不遠了。每年五月五日或六日，太陽到達黃經四十五度為「立夏」節氣。我國自古習慣以立夏作為夏季開始的日子，《月令七十二候集解》中說：「立，建始也，」「夏，假也，物至此時皆假大也。」這裡的「假」，即「大」的意思。實際上，若按氣候學的標準，日平均氣溫穩定升達二十二℃以上為夏季開始，「立夏時節，萬物繁茂。明人《蓮生八戕》一書中寫有：「孟夏之日，萬物並秀。」古人認為此時天氣下降，地氣上升，天地之氣交泰，養生尤為重要。

中國傳統的立夏食俗，各地不同。浙東農村立夏有吃「七家粥」的風俗，就是務農人家左鄰右舍互相贈送豆、米，和以黃糖，煮成一鍋粥，叫「七家粥」，說是吃了這種粥，鄰里和睦，一心去夏耕夏種。杭州人每逢立夏，要烹煮新茶，備了果品餅餌，在親戚

鄰居之間，互相敬茶、饋贈，叫做「立夏吃七家茶」。

鎮江地方有「立夏嘗八新」的食風。這「八新」就是櫻桃、新筍、新花、新麥、嫩蠶豆、楊花蘿蔔、鰣魚最為名貴。頭潮鰣魚是送往朝廷的貢物，普通人家嘗鮮吃鰣魚已是三潮過後的鰣魚了。蘇州地方蘇谷立夏還要吃螺螄、麵筋、白筍、薺菜、咸鴨蛋、青蠶豆。各家酒店立夏這天對進店的老顧客奉送酒釀、燒酒，不取分文，把立夏叫做「饋節」。

北方大部分地區立夏時有製作與食用麵食的習俗，因為立夏正是小麥上場時節，因此意在慶祝小麥豐收。立夏的麵食主要有夏餅、面餅和春捲三種。在浙江、江蘇、湖北、湖南、江西、安徽等地，人們仍然保留著立夏吃烏米飯的古老習俗，烏米飯是一種紫黑色的糯米飯，是採集野生植物烏桕樹的葉子煮湯，用此湯將糯米浸泡半天，然後撈出放入木甑裡蒸熟而成。

在灣區，很難體驗過「立夏嘗新」的風俗，不過也沒關係，只要吃的健康，營養均衡，達到養生的目的即可，秉著這個信念，去餐廳挑幾樣自己的偏愛，其實是找個藉口去吃而已。

鐵板三樣：

鐵板菜式裡，海鮮和肉類鐵板燒是最受歡迎的，因為這種烹調方式總能把海鮮的鮮和肉類的香恰到好處地發揮出來，而亨利餐廳把蝦和雞肉豬肉放在一齊烹調，味道更鮮濃。

豉汁炒蜆：

豉汁是我最愛的調料，除了愛它味濃，也是因為它的營養價值頗高，豆豉產品含多種胺基酸，可作為配菜燒煮，也可以直接食用。蛋白質含量高，而且含有多種維生素和礦物質，尤其是維生素E的含量甚至高於其他食物。自古就有用豆豉入藥的歷史，中醫

認為，豆豉性味苦、寒、無毒，歸經入肺、胃，具有解表清熱的作用。

梅菜芯扣肉：

這是一款歷史悠久的東江小菜，也是鄉間盤菜不可缺少的菜式，梅菜芯幼嫩梗厚、爽脆無渣，肥瘦平均的五花腩燜的酥軟，香滑好味。

菜片炒雞鬆：

熱熱的雞鬆配上脆絲的葉片，清淡爽口。這道菜是由傳統廣東菜「生菜鴿鬆」演變而來。果香港雞茸富有彈性、嚼勁，重要的是不要用絞的雞肉，而是用刀子慢慢一粒粒切出細小粒雞肉，此外，牛、蟹、蜆、豬都可用來取代雞肉。

焗炒螃蟹：

螃蟹是我的最愛，任何烹調法都來之不拒，焗炒螃蟹，蟹殼裏的粉，很是酥脆，濃濃的薑蔥汁裏著鮮嫩的蟹肉，又味道十足。

雞茸玉米羹：

雖是普通菜式，但雞茸色白，鮮嫩味美，玉米軟爛，因為加了韭黃碎，更清香四溢，味道特別。

餐廳簡介：

亨利園海鮮館在新址開張不久，但老闆有豐富的餐飲經驗，對南北方人士不同的喜愛及口味非常熟悉，所以各方人士在亨利園海鮮館都會找到不同區域的特色，截然不同的口味，如廣東的叉燒和四川的回鍋肉。餐廳力主走大眾路線，試圖用合理的價錢提供美味的佳餚。餐廳明亮乾淨，布置簡約文雅。

　　節氣每年才二十四個，肯定是滿足不了工作之需的，那也難不到我，加班慰勞自己也是理由吧，請看這篇：

瓊華海鮮酒家　清淡菜式美味佳餚

　　週末加班，用什麼來慰勞自己？當然辛苦工作後的美餐。絕不自己下廚，因為不可能再有精力，上餐廳並不用怕多油膩和味精，只要懂得去哪裡找傳統口味且營養均衡的美味佳餚。

　　即清淡又入味的菜肴是現代人健康美食的準則，看是簡單卻不那麼容易做到。坐落在帝利市的瓊華海鮮酒家卻非常擅長這一類的菜式。他們以家庭客為設計菜式主要考慮，所以力求保持家庭菜的清淡的特色，又加入富有心思的新意。他們的獨創蒜茸清蒸勝瓜，是我的最愛。勝瓜也稱絲瓜，用蒜茸清蒸，不放任何調料，勝瓜原味的清口，加上蒜頭濃郁的香味，是使筷子不聽使喚的原因，加速往嘴裡送菜。非常簡單的材料，用巧思烹調，味覺非常的享受。花雕上湯醉蜆，一改炒蜆勾芡的老習慣，白白肥肥的蜆，在略略有點酒味清湯陪伴下，每每下嚥後，舌頭自然而然地舔一添嘴邊，不想

留味在外。雜菜炒螺片，蔬菜搭配可以用色彩鮮豔來形容，引起強烈的食慾，螺片即脆又嫩，身為美食家又是老闆娘的小燕說，這絕對取決於螺片的大小和厚薄，當然也不能忽略火候的程度和螺片的新鮮。什麼又是新鮮的標準，四個字：限量供應。

就因為這四個字，他們遭過客人的投訴。這是一個滿有趣的故事。瓊華海鮮酒家和其他廣式餐廳一樣，中午供應點心飲茶，他們有幾款點心永遠熱賣，例如腸粉和焗叉燒包，常常供不應求，所以熟客就會先打電話來預訂，有一次，早上九點，有客打電話來預訂十一點半來拿叉燒包，落單的夥計為了客人考慮，要把最新鮮的包子給他，就想到時間再替他裝盒，誰知道時包子已經賣完了！好在客人接受了他們的解釋，並且耐心的再等了幾個小時，才高興地拿到了自己的心頭好。因為焗叉燒包的整個製作過程需要四小時。

瓊華海鮮酒家在帝利市已有三十年歷史，常常高朋滿座，顧客盈門，生意好，有時客人難免要等一等，但是經理陳永文還是有辦法化解這個矛盾。

居住在國外的時間長了，對家鄉美食懷念越來越濃，不過也因為離開家鄉久了，生活習慣變了，所以口味也跟著有轉變，就像人們說的，口刁了。通常的轉變在於，對家鄉菜原料的要求更高，對同樣菜式的品味更挑剔了。這就要求經營餐館業者不但要在原料的挑選上把關，更要提高烹調的水準，這裡面包括多年廚藝的心得和經驗。

雞肉是白肉，被認為多吃無妨，瓊華海鮮酒家的貴妃黃毛雞皮脆肉嫩，香滑不膩，除了雞是特定農場供應的外，老闆告訴我說，雞過冷河是關鍵，配上特製的薑茸上碟，就成了一道非常受歡迎的菜式。上湯浸油菜，油菜需碧綠，吃下去嘴裡卻要有上湯的鮮美，

要做的這一點關鍵在於一個「鮮」字，湯要非常有鮮味，油菜更要新鮮。梅菜扣肉、油泡響螺片、乾煎大龍利、海鮮大會煲、酥炸豬大腸、避風塘風味蟹和黑椒牛柳等等都是非常傳統的菜式，但材料的好差，用料的準確，火候的把持是風味水準的保證。瓊華海鮮酒家的黑椒牛柳，用的是上等的紐西蘭牛肉，在黑椒味掩蓋下，仍能吃出牛肉原味，肉嫩兼彈牙。避風塘風味蟹，這味菜，幾乎每家粵菜館都有，不知是那大大粒黑豆豉特別顯眼，還是特別偏愛黑豆豉的原因，總覺得瓊華海鮮酒家避風塘炒蟹，非常美味，留下深刻的印象，所以說好的廚藝可在平凡中見真功夫。

☑ **美食筆記本**

瓊華海鮮酒家 King Wah Seafood Restaurant
209 Southgate Avenue. Daly City, CA 94015

在相機裡消失的美味佳餚

　　當美食記者時令我最驚嚇的事情，一次採訪回到報社發覺相機裡所拍的美食照片一張也不見了，太可怕了，不要說這次採訪的路途遙遠，來回要三個小時，而且一桌菜價值不斐，而且怎樣開口和東主解釋呢？當時的報導是這樣寫的：

金飯碗的湯，魚，雞和其他

　　記得三年前初到灣區，就認識了坐落於南聖荷西的金飯碗餐廳，並留下了深刻的印象，不但以後經常去就餐，甚至搬到舊金山住之後，也一直不能忘懷那裡的湯、魚、雞、乾炒牛河等等。入冬的季節，陰陰冷冷，繁忙的工作，令人疲憊不堪，終於按捺不住，打了電話給金飯碗的老闆兼大廚黃天佑，約好第二天去喝湯。

　　金飯碗是廣幫菜，湯是它的特色之一，除了和速食、外賣配套的例湯外，接受客人隔天的預定，煲小鍋湯。

　　廣東人的湯非常講究，除了材料，時間、火候都是重要的因素，隔天預定，能讓廚師有充足的時間去選料和準備。

　　黃天佑這次煲的湯是冬季時令湯，冬祇湯，材料有黨參、淮山、黃祇、紅棗和瘦肉，湯底用的是雞湯，湯濃而不膩，味鮮甜，入口後，潤心暖胃，連喝幾碗，頓時精神抖擻。真不枉長途跋涉，

不屈此行。

　　廣東人喝湯講究，吃魚也講究，新鮮是最主要的，金飯碗也接受客人隔天的清蒸魚預定，即保證了魚的新鮮，也滿足了客人的特有的口味。

　　清蒸魚之外，他們還為西人研製了一款香酥魚，誰知，不僅大受西方人的歡迎，也受到了華人的好評，從此，香酥魚成了金飯碗的招牌菜之一。

　　除了魚，雞在金飯碗也有幾款特色，檸檬雞，是用百分之百的檸檬汁泡製而成，色彩嫩黃，絕無色素成分，味酸酸甜甜，帶有檸檬的清香，也是點數率最高的菜之一，有一位西人，對檸檬雞情有獨鍾，差不多每天都來要一個檸檬雞的外賣。

　　油淋雞也是金飯碗的首創，黃佑突破了傳統油淋雞是用白切雞的做法，採用了先炸後淋油的做法，使雞塊內嫩外脆，加上蔥油的香味，好一味特色雞。

　　去金飯碗吃飯，他們會送一道免費的菜式，菜頭雞沙律，絕對令你有驚喜。那是由西生菜絲、炸粉絲、雞絲和胡蘿蔔絲所組成。蔬菜絲的清口、粉絲的香脆、雞絲的軟嫩，不同的口感卻出奇的好吃，不得不提一提黃天佑為這道菜特製的汁，味道濃郁，色紅但不深，淋在沙律上，不但不會蓋住此菜的清新特徵，反而把這一特色更顯示了出來。有老顧客強烈要求黃天佑把這味汁裝瓶外賣，滿足大家的需要。

　　做為廣幫菜館，粥粉麵是少不了的，金飯碗的乾炒牛河少油、不黏、夠火候，做到這一點要求廚師有些真功夫的：牛肉嫩而入味，河粉透而爽，外加一碗即薄又稠，放久都不會出水的魚片粥，面對這地道的家鄉美食，可以用一個廣東字來形容，那就是，歎！

（非常欣賞的意思。）

　　金飯碗除了菜式有自己的特色外，給顧客留下深刻印象的還有老闆兼廚師黃天佑的快手，老闆娘黃小燕的親切的笑容。

　　金飯碗是一家夫妻檔店，兩個門面，有大大小小二十多張桌子，還要應付許多外賣，除了請了一個西人洗碗打雜外，基本上就是倆夫妻在經營，每天供應一百零四個菜式。黃佑主內，負責廚房，黃小燕負責接待，包括外賣，就是店堂坐滿了，也不會有客人感到受了冷落，或是久等菜而煩躁。黃天佑的快手是普通人想像不到的，加上老闆娘不停地穿梭在各個餐台之間，歡聲笑語令人有賓至如歸的感覺。

　　金飯碗的顧客多數是在附近寫字樓工作的白領，華人西人都有，久而久之，許多人都成了金飯碗老闆夫婦的朋友，有的甚至把金飯碗當成自己的私家飯堂，有什麼想喝的吃的，打一個電話，金飯碗會預先準備，就是臨時去，也不會讓你久等和失望，金飯碗的所有湯和菜都不會放味精，所以老顧客都認為在金飯碗用餐，不僅吃的舒服，也吃的放心。

　　這個故事的結局當然是阿天重新給我燒了一桌菜，不過我也堅持付他錢，再三推脫之下，他太太給我打一個大折。

怎樣的餐廳才值得採訪

在做美食記者,甚至當了美食專欄作者,我採訪過無數餐館,拿中國餐館來說,明苑、嶺南小館和小肥羊都是我情有獨衷的,我認為他們代表了中華美食的精華。可是在灣區像金飯碗那樣的夫妻店也是有一定的代表性和需求,我曾經採訪過的長江飯店,環境很差,但食物非常美味,連很挑剔的洋人也為了他們的美味而頻頻光臨,採訪登出來後,在一次編輯部會議上,總編還對我進行了批評,不理解我為什麼要選這種三流以下的餐館來寫。我以為,需求是多方面的,作為媒體的考慮也應該從不同讀者的需要出發,況且寫美食,應該以味美為首先考慮的依據。以下就是那篇訪問稿。

長江飯店　鄉情濃味客家菜

在舊金山的日落區,有一家深受歡迎的客家菜館,街坊舊鄰常常在那兒家庭聚餐,連遠在屋崙、聖荷西的居民也會慕名前來飽囊一餐。不論是平時還是週末,客人流量非常之大,從早上十點到晚上九點,總是滿座,就是不在用餐時間,也是顧客不斷,永遠沒有清場的時候。聽飯店經理周洪介紹,試過在最繁忙的日子裡,一天接待了將近六百個顧客。

這家餐廳在19街已有十四年的歷史了,大廚蔡新明剛從家鄉出

來，就進了長江當廚師，沒有離開過，長江飯店的菜式變了又變，但百變不離其中的是家鄉情、客家味。

說起客家菜，雖然和廣東一樣，源於珠江三角洲，但風味卻完全和廣東菜不同。廣東菜以清淡為主，而客家菜卻以濃郁為佳。梅菜扣肉就是地地道道的客家菜。

五花肉，帶皮小肥兼瘦，如何把這塊三位一體的，不同內涵的材料煮成一道放進嘴裡會溶化在一起的佳餚，是烹調的一個挑戰。長江飯店的梅菜扣肉，肉皮爛、肥肉不膩，瘦肉鬆軟，咬下去，梅菜的香甜和著舒軟的肉汁味一起湧了出來。怪不得，長江飯店的梅菜扣肉是他們的招牌菜，為以視正名，叫做客家正扣肉。記者採訪的那天，有客人一下子要了13客客家正扣肉外賣，間接說明了梅菜扣肉受歡迎的程度。

長江飯店另一道菜，也是受到好評，那就是客家菜的傳統菜式——鹽焗雞。以前試過不同餐廳的鹽焗雞，不是雞皮太鹹肉卻淡而無味，就是雞是夠味，但肉太老。長江飯店的鹽焗雞好在從裡到外不但味道均勻，雞肉也鮮嫩無比。因為他們的雞選用的是走地雞，在炮製雞的時候有控制火候和時間的一套辦法，所以連最不喜歡吃白雞的西方人，也常到長江去吃鹽焗雞。

除了出名的傳統菜式，他們也致力於推廣家鄉地方菜式——狗仔鴨煲，這是用以前農村煲狗肉的方法來煲鴨。冬瓜豬肚、冬菜炆豬璃等等，許多特別的菜式，長江飯店一一獻上。

在比較流行的菜式上，長江飯店也做的很出色，例如京都排骨，軟硬適中，香脆可口；核桃明蝦球，蝦大有彈性，汁濃酸酸甜甜透出了核桃香，是賣的最多的菜式之一。

長江飯店不僅在菜式上很下工夫，而且在套餐出售上也費了心

思，他們的套餐從3.5元的精美小菜任君挑選，到一桌桌的合菜，可以說是價廉物美的佳品，下面是他們長江飯店的八種和菜功能表中的一款，以饗讀者。

48元八人份量的長江客家餐

長江海鮮羹

豉椒炒大蜆

乾煎龍利魚

椒鹽焗中蝦

薑蔥焗大蟹

京都上肉排

客家鹽焗雞

蒜茸扒菜膽

客家正扣肉

合時生果

精美甜品

值得一提的是，長江飯店有一支出色的服務員隊伍，別看他們年紀輕但各個滿面笑容，耐心周到，他們都是客家人，不但會說客家話，也會說廣東話，更說的一口流利的英語。所以不僅僅是老一輩的客家人熱衷去長江吃飯，在美國出生的新一代也愛在長江聚餐，當然還有許多西方人。

Szechuan Taste Restaurant 長江飯店
917 Taraval Street San Francisco, CA 94116
（415）681-8383

和自閉兒的媽媽吃飯

　　做飲食媒體最開心的時候，就是喻工作於娛樂休閒，下面三則日記，記錄了吃餐飯可以吃出個感人的採訪，睡個覺能取得第一手資料的開心日子，無心插柳揀到傑出報導的，都能讓我更愛這份工作。

　　終於，今天典樂（她是我們雜誌的特約撰稿人）來帶我出去做客，我們來到典樂的老朋友，得獎無數美食家兼作家楊秋生的家，她燒的一手好菜，在路上，才知道，她是我們海外華文女作家協會的創始會員。

　　楊秋生燒了四菜一湯，還有一麵包、一點心、一果汁招待我們，麵包是她親手做，果汁也是用自己花園裡的果實新鮮榨的。菜肴非常特別，不光是第一次嘗試，有的更是第一聽說，新鮮金針菜炒西班牙甜菜，是她後院的出品，大蒜炒醃肉，也是她自己的產品，西芹涼拌大蝦、紅燜牛肉，還有火腿肉骨頭干貝煲了幾小時的高湯，在放上自己後院種的南瓜塊，口味怎樣，先賣個關子，我已經決定把這次午餐由典樂寫成一個專訪，因為我聽到了一個非常感人的故事。

　　秋生出過七本書，後來有一段時間停了，原因是為了她那有自閉症的兒子，兒子12歲時，她決定把兒子從特殊學校轉到普通學

校，為此她傾注了自己全部的精力，現在兒子早已進了柏克萊大學念書。

有自閉症的孩子對父母會造成什麼樣的影響，說一件小事吧，兒子小的時候，秋生很怕帶他去買菜，因為買好排隊付錢的時候，兒子就不願走，要求重新排過，不依，就會放聲大哭大鬧，就是被說服了後，也不肯把買好的東西給收銀員過秤算錢，因為他以為別人在搶自己的東西，總是大哭大鬧，所以每逢這時候，秋生總要把兒子死死得摀在懷裡。

兒子進了大學，操心還是沒完，兒子主意力不集中，也不懂得和別人主動溝通，經常沒聽到老師布置作業，那就很容易得零分，他很聰敏，尤其是數學和物理，但最大的弱點是回答題目時不會把步驟寫出來，也經常因為這考試不及格。有次，他題目答對了，步驟也寫出來了，但還是得零分，秋生和他一起找到那位教授問為什麼，居然那位教授說：他寫出來的步驟並不是老師課堂教的，所以這位老師質疑他是否上過課？所以給他了零分！我聽了真是氣炸了，如果當時我在場，真的會給那該死的老師一個大嘴巴！

我和秋生說，難得她肯分享自己的經驗，我鼓勵她寫出來，她苦笑這搖頭，很久之前寫過，也登過，但被人家罵太寵愛孩子，還說這種孩子大起來只會殺人放火。這不是歧視是什麼，我說，不要去聽那種沒有知識兼沒有人性的說話，理都不要去理，我當即決定由典樂來把他們母子的故事寫出來，讓更多的人瞭解什麼是自閉症，也瞭解患有自閉症孩子的家庭需要的是什麼樣的說明。

躺著照樣工作

星期天早上打開電腦，看見鄰居小胖昨天半夜發來的的圖文並茂的郵件：「今天早上上了半天班，回來和朋友悠閒地吃了個午飯，出發去釣魚（今天早上那次潮水，我要上班，所以就趕下午那次漲潮），到了PEBBLE BEACH的17 MILES DR。我釣了條10磅的石九公，朋友也釣了條石九公（4磅）。然後就是平時你們見過的黃斑，草斑，離開之前我還釣了條鰻魚（有生以來第一次釣到鰻魚）。回到灣區晚上十點了，很晚了，各自分手回家的話，人家家裡有老婆，還有一個有女朋友，我一個人沒意思。就提議去MILPITAS環球廣場的旺記，給加工費，叫餐館做魚吃，還點了其他菜。照片裡的湯是石九公頭滾的豆腐湯，魚肉塊炒雪豆，其他所有黃斑、草斑一律清蒸。」

我正在羨慕呢，突然小胖給我來了msn短信，說他和公司兩個同事還要去釣魚，我毅然決定改變今天的寫作計畫，去太平洋採景！17 Miles海岸是條私人的景觀道路，最著名的景點就是Lone Cypress，長在海岸邊的岩石上這棵樹，已有250歲，代表著堅毅孤拔的精神吧！這裡還有幾個景色優美的高爾夫球場，最有名的是圓石灘，二〇〇〇年老虎伍茲就在這裡拿到冠軍。我們都對17 MILES drive不陌生，但釣魚卻是首次。

一番周折後，到了目的的，他們鼓勵我攀上上礁石，還說這是

鍛鍊的好機會，我說：「我的醫生不會這樣認為」，我就在崖邊坐下，從遠處看著他們工作。我也不是第一次跟他們一起出去，他們也都知道我醉翁之意不在釣魚，而是為專欄拿第一手資料，當然也為了第一時間品鮮。海風清清拂面，太陽懶洋洋地躲在了薄雲的後面，我看看書、聽聽音樂，小胖的老外主管從礁石給我送來了啤酒和三明治，太舒服了，簡直想躺下，我環視了一下四周，嗶，完全可以實施我的人生懶哲學，「可以躺的絕對不坐，可以坐的，絕對不站，保持實力不衰！」

我把看過的報紙鋪在地上，腳向著涯邊，這樣不至於萬一熟睡的時候滾下山涯，然後把隨身攜帶的包枕在腦後，美美地睡了午覺，不知睡了多久，遠處的吵雜聲把我吵醒，原來他們釣了一條大的鰻魚，等著讓我拍照呢，那老外還直嚷嚷，「你出來工作怎麼可以睡覺呀」。我真的懶得起身，就躺在那兒幫他們拍了照，嘿，還照出了不同效果，因為貼近地面，視角獨特，拍出了平時不易見到的景致。這真是，享受工作兩不誤。

▌睡在山崖上的視覺角度，
會發現平時腳底下的野草
很是挺拔

藍天使拜訪太平公主

　　都說懶人有懶福，我和芸旋就是一例！因為我們倆都是熱衷在家裡晃悠的人，也不大關心時勢和新聞！今天我們倆在大姐大的吩咐下，由她老公開車帶我們去舊金山看有台灣來的「太平公主號」號。這只船可是最近的大新聞呢，這結合台灣、香港、中國兩岸三地心力與智慧建造的中華古帆船「太平公主號」，由台灣基隆碧砂漁港啟程，踏上橫渡太平洋之旅。沿途經過琉球那霸、日本橫濱、加拿大溫哥華、美國西雅圖，最後抵達了舊金山。全程一百零一天，重顯六百年前鄭和七下西洋的輝煌，依照先人的智慧，利用風帆進行世界首度無動力中華帆船往返美洲的世界紀錄。

▌美國的藍天使在向中國的古風帆船表示敬意呢！

當我們在中途先飽吃了一頓香港風味的午餐後來到舊金山碼頭，發現今天居然是一年一度的「藍天使」特技飛行，哇，在中國古帆船上看國空軍表演，真是巧得屬害，令人興奮，要知道，如果專程來看，我們這些懶人也未必有行動，因為怕塞車，怕人多。

　　上了船，聽說他們九十天不能靠岸，每天都在波濤洶湧得大海上起伏，我和芸旎連連搖頭！因為我們倆站上碼頭，都覺得有點暈呼，因為那碼頭是活動的。然後我們抬頭瞧瞧在天上翻跟斗的飛機，我們更怕，咳，船又不能開，飛機更不會開啦，突然我驚喜的大叫：「我們不是太差耶！」芸旎忙問：「怎麼說？」我說「至少我們還會開車耶！」

　　這次參觀的詳情，關於一個非常浪漫的故事，一對情侶在揚帆遠洋的故事！暫時不能透露，因為不想被起訴媒體洩露罪，但是可以透露一個小插曲，我在船上碰到了香港老鄉，一個熱衷於航海的帆船愛好者！他在香港在聽「太平公主號」宣傳時，好奇地詢問是否可以跟船，居然被答應了，結果他在一星期內辭工，告別年邁雙親和未婚妻，依然踏上了這為期一年的小帆船的冒險旅行。我決定在新年回香港是會去找他的未婚妻，以表示慰問和敬意。他問我，那你會對我女朋友說什麼？我說要她放心，我看見你在舊金山很好，和一個金髮女郎在酒吧！芸旎也說，有一個電影描寫像他一樣的年輕人，一人出海，每到一個港口，他的女朋友就會在港口等他，太浪漫了！把我那個香港老鄉嚇得拚命搖頭說：「你們如果對我女朋友說這些，那我就完啦！」

　　在看到「藍天使」表演煙幕的時候，我又多嘴告訴芸旎，我的清華同事結婚的時候，她老公居然浪漫到請飛機在天上畫了一個心形表示愛意，我們又是一聲長歎，因為我們倆的老公，無論是黑毛

還是黃毛，都不可能作這等事，正說著，突然在天上，在我們眼前出現了一個心形，而且還帶著邱彼得的劍呢，我發誓，如果那飛機師真是為了我而表演的，那我非得改嫁不可！

「藍天使」特技飛行在舊金山表演的最絕一招，是在金門橋下穿過，當我們還陶醉在愛心的煙幕中時，大姐大老公大叫「你們看到沒有飛機在橋下穿過了？」我一點沒有驚意，因為這些照片早就有人拍過，我今天可拍了一張絕無僅有的絕照，「藍天使」在中國古帆船上掛的黃龍旗下飛過！今年的普里茲新聞獎非我莫屬呢！

差點凍僵在冷凍庫裡的記者

　　寫採訪最有挑戰的，是找到新的角度切入故事，以下開篇寫的綽頭，既吸引人也符合文章的主題。

　　大哥成把我領進儲存滿叉燒包燒賣的冷庫後，丟下一句話：「我還忙著呢，你自己慢慢看吧。」話音未落，冷庫的大門光當一下關上了，我心一沉，因為那幾天，我正在讀一本世界暢銷的西班牙小說《死了一個甜點師傅之後》，那書中的主人公就是這樣不小心被關在冰冷的冷庫內凍死的。我彷彿看到了第二天報紙的本地頭條標題《死了一個採訪點心師傅的記者之後》……立刻全身起了雞皮疙瘩，冷氣直沖頭頂，急忙用盡全身力量去推冷庫的門，奇怪，看似沉重的門，輕輕一推就開了……

一

　　在廚房裡有條不紊地指揮為午間茶市做準備的大哥成，聽了我餘驚未定的敘述後，兩眼含笑地朝我看了一眼：「傻的，冷凍庫才有機會會凍死人，我們這是冷藏庫，又有這麼多吃的，那麼容易死嗎？你以為演戲呀，真正的生活是熱火朝天的，看看我們這兒。」順著他指的方向，那一長排連著大鍋爐的不銹鋼長長的桌子，大大

的蒸籠整整齊齊地排列地等待上爐，爐頭上氣漫漫、霧騰騰，真的，熱火朝天，沒錯！

　　大哥成的員工們分成幾組，分別忙於製作不同的點心。明苑的點心我吃的多了，可還頭一回見怎樣製作呢。我饒有興趣地看著平時愛吃地腸粉怎樣從麵漿到軟軟白色的面片，再裹上不同的餡料上籠即蒸，或是裹上油條，軟滑的腸粉，香脆地油條，炸兩是我最愛的點心。這邊大哥成拿著切菜刀在製作燒賣蝦餃的餡皮，只見他非常俐落地把發好的麵團搓成長長的細條，切成小麵疙瘩之後，只聽光當兩下，刀影一閃，大小一樣厚薄勻稱的皮子像變戲法似的從他手中輕拋落至桌面。我確信自己的眼睛沒有眨過，但始終沒能把這全過程一一攝入。大哥成猶然是一名胸有成竹的指揮官，叮囑正在製作的蝦餃的同僚幾句後，放下手中的刀，走向鍋台，用長柄大勺，去攪拌熱氣騰騰的大鍋粥，口中還不忘向我介紹煮粥的竅門。接下去，是調拌蒸排骨，我趕緊跟著走過去，一個非常大的鍋，裡面盛著新鮮的小件的肉排骨，驚奇的是，大哥成並沒有拿出什麼祕密武器，全部調料也不過是我們平時見到生抽，豆和糖而已，不是眼見，不敢相信，就這麼簡單。就這樣轉了幾圈，大哥成告訴我準備的差不多了，到時會看著顧客簡單流量而決定添加什麼和加多少，我也恍然大悟，平日裡常見他常常在餐廳的樓面裡穿梭，手上拿著添補的點心，送去不同的點心車讓顧客挑選，原來他是藉故出來看看點心銷售的情況，以便即時增補。

　　明苑餐廳的廚房，是我見過的灣區餐廳廚房中最大和最乾淨的一個，地上的潔淨，桌面的齊整，而今天看到的他們工作的場面，讓我確信，一家餐廳的成功，廚師的出品固然重要，但廚房的管理好差直接影響餐廳出品是否能保持水準。

二

　　每次作訪問，我習慣於挖掘一些被訪者與眾不同故事，跌宕起伏，悲喜交加的情節，不僅讀者會喜歡，對我們這些把玩文字的人來說，也容易下筆。當我知道大哥成是灣區可以說是唯一一位學徒出身的傳統港氏點心師傅後，我那容易浮想聯篇的腦細胞就活躍了：「在那萬惡的舊社會……骨瘦如柴的童工……被逼……」，哇，其中有多少社會深沉背景，生活痛苦生涯可以讓我發揮呀，我心急的等待著，從早上八點等到下午三點，終於，大哥成可以坐下和我說他的故事，不過他只給我二十分鐘的時間，因為他還要帶著夥計們準備明天的午市，就是我在冷藏庫看到的糯米雞，叉燒包等，這些都是隔天準備好，否則當天是不可能有時間午市供應上一百多品種的點心，應付到幾百位顧客的食量。

　　大哥成是一個非常爽朗的人，基本有問必答，在我的追問下，一個非常平凡的故事出現在我的筆下：

　　幾十年前的香港島，皇后大道西，有一個不愛讀書的孩子，十三歲的時候，甘願被大人責罵，而去當了點心學徒，在今天看來，這不是一個孩子願意幹的事情，因為要半夜起身進廚房，伺候師傅，確切地說，那時候他，還沒有資格去學製作手藝，根據行規，先要在茶樓賣上幾年點心，這個年紀的孩子，正是貪睡的時候，每天一大早起身，晚上七八點才收工，沒有星期天，一做就是幾年，我問：「覺得自己慘嗎？」他答：「沒有啊，一班學徒在一起，有說有笑，收工一起玩，日子過得也滿快的。」何況還有薪水拿，港幣九十元一個月，那年代的鳳梨包才幾個仙一個。等到可以跟著師

傅學手藝了，又是一條漫漫的長路，都是做的下手的活，怎樣才算出頭呢，等到你可以做「大佬班」（正式師傅的意思），有資格參加研製做每星期的特色「星期美點」。

「星期美點」是當時每家茶樓吸引顧客的在週末推出「新產品」點心，也是茶樓之間競爭的祕密武器。在他的敘述裡，我發現了他耐得住平凡生活的原因，他喜歡挑戰新事物，從「星期美點」那時代開始，研製新點心，竟成了他終身的喜好。為了更好地吸取他人的長處，他並不滿足於一家老闆和顧客對自己的認同和喜愛，他碾轉於不同的茶樓餐廳甚至酒店，只要他認為可以學到東西，他就會想法上那做上幾年工，偷師學藝，取他人之長，創自己特色，經他手創出的新名堂，有過上千種，這種愛好，更是成了熱衷自己工作的動力。

三

一九八六年，大哥成移民美國，是他人生的另一階段：「當時我真的傻了，」大哥成回憶著說：「當時明苑餐廳還在裝修期間，我站在門口，一個多小時，沒有車從門口經過，這和香港酒樓門口車水馬龍的景象相去甚遠，可沒想到開張的那天，不知從那兒竄出這麼多車，若大的可以容納五百個人的餐廳坐得滿滿的。」是的，那時坐落在Polo Alto的明苑是舊金山中國城外唯一一家粵式飲茶的餐廳，格調高雅的裝潢和地道的港式點心吸引著中半島和南灣的中國人蜂擁而至。十幾年過去了，灣區的中國餐廳論百上千，人們還在為去哪兒飲茶而發愁，是太多的選擇而無從入手。飲茶，沒有燒賣蝦餃鳳爪牛雜，就不是飲茶，為了照顧人們的思鄉的情緒，還得

配上北京的烤鴨燒餅、四川的紅油炒手、上海的燒賣油條、山東的餃子、越南的春捲等等，大哥成隔三差五地還炮製些自己的創意，美國醃肉炸果子、蒸寶餃，還有很多沒有名稱的點心，讓大家嘗嘗新。靠實基本，廣納四海，推陳出新，這不單是一個行業所需要的積極扎實的態度，其實對待人生不也是這樣嗎？

二十多年過去了，大哥成把關的點心，在灣區仍然是數一數二的，而大哥成的兩個女兒也都學業有成，碩士畢業，有了好工作，問起他怎樣消磨工餘時間，答覆讓我意外：「看韓劇」。韓劇節奏慢，你能夠忍受，我以為都是香港人，應該是習慣了香港那種快節奏，他笑笑說：「是啊，我太太也不喜歡看，可我覺得，節奏慢，也有好處，讓你有時間回味劇情，琢磨劇中人物內心活動。」大哥成，他總是那麼笑對平常的生活，在平凡的日子找出不同之處，我緊追地問：「你真的喜歡韓劇嗎。」他有點不解地回答：「當然，那齣《大長今》給了我很多創意呢！」看到大哥成一臉滿足的樣子，我突然悟到：生活的幸福寧靜與否，完全取決於對生活的態度。

▌ 片皮鴨和核桃蝦仁是我的最愛

總編的多功能美食書櫃

我喜歡做什麼都要有自己的特色，工作上如此，家裡也不例外。

秉著花小錢辦美事原則，最近用了小小創意，搞了一個多功能書櫃。半人多高，分三層九格，四格可以當抽屜，另外五格就用來放書，經我手的書很多，但留下來的不多，而且都帶有時間階段性，因為我認為，就像錢幣一樣，書是越流通越好。我經常把我看完的書，尤其是好書捐去圖書館，有名人簽名的也不例外，例如白先勇、陳香梅等等。所以剩下的書都是眼前要用的。

這功能之一，是書櫃床邊櫃二合一。女人，尤其是日理萬機女人，雜七雜八的東西非常多，帶有床邊櫃功能的這個小書架能滿足我的要求，抽屜多少隨你的心意，而且就在床邊，非常就手。步入中年的女人，晚上睡不著，半夜醒來的事經常發生，為了不浪費時間加催眠，看書是最好的方法。書櫃放在床邊，想看什麼書隨便拿。

功能之二，兼作裝飾櫃。實用的裝飾物全和吃有關，體現了我的身分，飲食媒體工作者，更方便我拍美食照片時，

隨時取用。美國人的書櫃有深度,放完了書,還有很多空間。我從平時收集的飲食物品挑選了和書櫃顏色相稱的物件當飾物,例如不用的時候可以當糖罐的咖啡色的小芝士爐。星巴客出的限量咖啡杯,金色線條的美女在咖啡的世界裡飛行,精美的設計充分體現了特有商業意念。

功能之三,用飾物把書分門別類,一目了然。

《It's all America food》、《Strong Women Eat well》、《皇帝內經　養生聖典》、《生命饗宴》等等這一類書屬於工作書,用咖啡杯做裝飾再合適不過了,提神才能效率高嘛,反過來也提醒自己,有工作才能有吃喝,美國人不是說Will work for coffee嗎?

《尋找陽光的人生》、《FBI教你讀心術》、《小既是美》、《不逃避的智慧》、《50 thins that really matter》這一類書屬於磨練人生的,就像使用芝士爐慢慢烘烤巧克力一樣,努力之後才會有甜蜜的。

《我的媽媽是殺手》、《PS我愛你》和世界暢銷作家Danielle Still最近出版的,她的第108本書《Matters of the heart》都屬於邊品紅酒邊看的休閒書,裝飾物是一套可以豎起有著框架的酒類圖案杯墊。

功能之四,就是那些抽屜都是帆布做成的,摺疊自如。書多的時候,可以撤下,雜物多時,又可以多加。用了幾個月下來,實在是好處說不完,冒著被誤會打廣告的嫌疑,也要大聲地吆喝一下:「多功能書櫃真好。」

我的私房菜

不知從何時起，美女廚房比比皆是，上雜誌封面，上電視電台，看來美食家和美食評論家的身價還不及一個廚娘馨香，趁著電台美食節目要我做嘉賓之際，推出自己當廚娘三十年的心得，做個不落伍的現代美食人。

深海玫瑰──涼拌北極貝

每逢吃日本餐的時候，除了三文魚生外，就愛吃北極貝刺身了，極致細膩的口感、甘甜鮮美的風味，尤其是那獨特外型所呈現的玫瑰紅色，美麗又鮮豔，所以，被稱為深海玫瑰，一點都不誇張。

北極貝是一種生長在50至60米深海底的15釐米沙層下的海產品，這種無污染的純天然產品，為越來越多的人們所認識，因為味道鮮美，肉質爽脆，而且北極貝含有豐富的蛋白質和不飽和脂肪酸（DHA）和富含鐵質並含有可抑制膽固醇的OMEGA3，而且熱量又低。

在灣區的超市可以買到的盒裝的北極貝，是來自北大西洋冰冷無污染深海，據生產商的介紹，這種北極貝是在捕捉4-5分鐘後，即在捕撈船上加工燙熟並急凍，因此他只需經自然解凍即可食用，安全衛生方便。

北極貝除了可作刺身、壽司、沙拉、火鍋等多種菜式外，炒、蒸、扒、燜、燉皆可，例如魚香三絲貝：北極貝一剖為二，洗去內膽，切成細絲待用。鮮冬筍、芹菜洗淨後分別切成絲，在沸水鍋中過水後待用。大炒鍋內放橄欖油一大匙置爐上，開大中火，放入姜末和蔥花炒香，最後放上放上干貝絲和其他配料及魚香調料，然後快炒兜勻出鍋。此菜色彩豐富，口感脆香，是餐桌上一味極受歡迎的絕佳菜式。

不過，要想體會北極貝天然的鮮味，最好還是自然解凍後即時食用，可以享受北極貝的鮮嫩的肉質。下面介紹一味鮮味涼拌北極貝：

做法如下：把整盒的北極貝拿出冰箱，放在室內的常溫下化凍，待到貝身呈現軟化時，加入冷開水微浸，剔除貝尾部中間的黑色雜質，濾乾水份，灑上少量的細鹽和大蒜末，加上適量的芥末，淋上麻油，攪拌均勻，放入冰箱內，可以隨時食用，這是一味宴請賓客時高檔的冷盤，也是朋友小聚很入時的下酒菜，更重要的是，製作方便，符合都市人快節奏的飲食習慣。

落入紅塵的筍乾燒肉

馬上要過農曆新年了，腦子裡老揮不去肥而不膩，鮮潤油嫩的筍乾燒肉。筍乾燒肉其實是一道安徽菜，但卻是上海人過年的餐台上例牌大菜，它受歡迎的程度不亞於作為冷盤的燻魚和熱炒的蝦仁，而且常常是吃到快要見底時候味道更濃。以前大陸自然災害的時候，聽說過這樣的句子：「無筍令人俗，無肉令人瘦，不俗加不瘦，筍乾燒豬肉。」

筍乾是有新鮮的竹筍曬乾而成，《本草綱目》指出竹筍可益

氣，久食，有「化熱、消痰、爽胃」之功，並能「通血脈，消食脹」。《千金方》仲介紹竹筍有「主消渴，利水道，益氣力」之功。現代醫學也證明竹筍具有消渴、利尿、化痰、吸附脂肪、促進腸蠕動、助消化、去積食等功效，適用於浮腫、腹水、急性腎炎、喘咳、糖尿病等患者；對預防腸癌和單純性肥胖亦有益。在蟲草店購物，意外地發現了筍乾，驚喜得到之於，急不可耐地在超市買了五花肋排豬肉，要肥瘦層次明顯的，肉色紅、白相間那種。回家連忙燒水發筍乾，這時才醒悟，水發筍乾，這是為什麼上海人又把這一道菜叫做水筍燒肉。

水筍洗乾淨後用熱水煮了一會，然後用冷水反覆地洗乾淨，再用熱水泡半天，撕開成一條條，再用熱水煮一煮，到筍乾發透變軟為止，至少要浸一整天，洗浸的時間越長，才能把水筍的怪味澈底去掉。

把肉放在砂鍋裡，放上水裡猛火煮，水開後倒了。放上黃酒、老抽、蠔油再炒了兩下，加進濾乾水分的筍乾，拌勻，放入冰糖，轉小火燜煮。等到肉酥爛，筍也甜咸入味，筍乾吸收了肉的鹵汁顯得滋潤，而肉又藉了筍的鮮，香味更濃郁，二者相得益彰。

水發竹筍乾含有人體需要的營養素，但也含有人體不適用的成分，為草酸鹽。患有泌尿系統和結石的患者不宜多吃，小心竹筍中的草酸鹽與其他食物中的鈣質變化成難以溶解的草酸鈣，加重病情；少年兒童也不宜多吃，因為正處在成長髮育期的未成年人，骨骼的成長需要大量的鈣質，而草酸鹽會影響身體對鈣質的吸收。另外，水竹筍乃寒性食品，有澀味，含較多的粗纖維，容易使胃腸震動加快，還對胃瘍、十二指腸潰瘍、胃出血患者極為不利，對於慢性胃腸炎病也不易康復。

宇宙間最美味是什麼味

　　我寫餐廳美食的採訪，從不胡亂吹噓，實事求事，受到讀者的信任。讀者多數都是拿著報紙跟著去餐廳，據說不細讀內容研究功能表，就指著報紙上我拍的照片對服務員，就要這幾個菜！好多餐廳都把我寫的色彩繽紛，圖文並茂的報導貼在了餐廳門口。越來越多的餐廳找上門來，只要我寫，她們出廣告費也無妨，終於報社決定，我寫的餐廳，一定是廣告客戶，這倒也沒什麼，因為我堅信，每家餐館都有自己的特色，而我要做的，就是要把他們的特色找出來，然後告訴讀者。這時，苦腦的事情發生了，有次連著四家廣東餐館排著隊等我去訪問，而且都是想我幫他們推廣鮑參翅肚，天啊！這幾種菜式雖然名貴，但他們的製作方法是沒有大變化的。我好不容易從菜式的來源、營養、歷史故事、烹調方法等不同的角度去寫，終於江郎才盡，害得我在以後頗長的一段時間裡，看到廣東餐館都手抖。

　　接受了廣東菜的疲勞轟炸後，我總結經驗，以寫不同的菜系為主。這天在編輯部提供的長長餐廳名單上，我挑選了韓國菜。去之前，突然發現我們報社的廣告部為該餐廳打的廣告，就那麼瞄了一眼，我真想昏過去，那廣告上居然把那家餐廳的菜色捧為「宇宙間最美味的」，而且就那麼籠統的一句。我的天哪，我真想問問哪個下筆的天殺的，他知不知道宇宙間最美味是什麼味？怎麼可以這麼

不負責任的，這讓我該怎麼寫。這是我最棘手的一個訪問了。好在我冷靜了下來，去了那家餐廳，暢談之後，居然被我發現了這最美味的味是什麼，是媽媽的口味呀！我想沒有人可以反駁我這個論點吧！請看報導。

媽媽口味的石鍋拌飯──辛豆腐韓國餐廳

和石鍋拌飯結緣於飛機上。記得那次乘搭韓航，正為吃什麼而好奇，一陣陣米飯的香味撲鼻而來，轉身一看，只見左鄰右舍紛紛把空中小姐送來密封蒸的白飯打開，把另外裝開一個碗裡裝滿了五顏六色的各式菜絲和肉絲，倒入白飯中，加上特製的辣醬拌勻，津津有味的吃了起來，我有樣學樣，哇，肉絲的濃味，蔬菜絲清新，醒味辣醬加上米飯的噴香，使我握筷手指速動，很快地清光碗。

石鍋拌飯是韓國特有的米飯料理。它的發源地為韓國光州，後來演變為韓國的代表性食物。據說，光州的石鍋拌飯之所以名聞遐邇，是因為它曾經是朝鮮時代向中國進貢的菜肴，在當時中國皇帝的欽點之下，不聲名遠播也難。韓文的bibimn是「混合」之意，ba則是「米飯」，所以bibimnba則是拌飯的意思。

不說不知道，石鍋拌飯在韓國也成為愛情的表徵。情人一起上餐館點石鍋拌飯，男士得先女友攪好拌飯；若女友無法將飯菜吃個精光，男士就得將剩下的飯完全吃乾淨，以代表對女友的愛情。石鍋拌飯演變至今，已經不是拌飯那麼簡單。

在灣區韓國餐廳裡，都能吃到石鍋拌飯，不過辛豆腐的石鍋拌飯是老闆娘從她媽媽手中學到的技藝烹調而成，十足的韓國家庭風味。鋪在飯上面的蔬菜都是我十分喜歡的，有小人參之稱的紅蘿

萄、脆口的青瓜、蘿蔔和豆芽，加上軟軟的香菇和嫩滑的牛肉，不僅清甜可口，而且營養均衡，老闆娘親手拌飯，那混合的香味再次衝擊著我的鼻子和腹胃，又一次美味的體驗！

叫得辛豆腐，招牌菜當然是豆腐，老闆娘告訴我，豆腐不能算是韓國的傳統食物，而是流行的健康菜式，因為豆腐營養豐富，含有蛋白、鉀、鈣、鎂。肥胖者和心臟病人經常吃豆腐，可降低膽固醇，防止血管硬化。我很認同她的看法，因為中醫學也認為，經常吃豆腐，有益中和氣，生津潤燥，清熱解毒之功效，還可以防治呼吸道及消化道疾病。

辛豆腐的辣豆腐湯，容器是韓國典型的石鍋，上桌之後熱氣騰騰、可以隨各人的意願選擇辣的程度，豆腐夾雜著鮮美的海鮮味，十分誘人，隨湯還跟「韓國食品定式套餐」，韓定式「家庭式白飯」，和多樣小菜一起食用，體驗一下韓國飲食的風味。

餐廳簡介

辛豆腐開張才兩個月，餐廳開揚乾淨，一些韓國的飾物的擺色令人感到親切。老闆娘，也是總廚，熱愛韓國飲食文化，親力親為，不僅親自下廚，而且所有的小食都是她親手製作，她說為了保持食物的新鮮度，即便是泡菜，她也只保留三天，第四天就用新的了。她的意願是把自己媽媽的手藝帶給不同國籍的顧客，並一心傳授給他人，其中也包括在大學念書的女兒。

☑ 美食筆記本

Shin tofu house 辛豆腐
6180 Jarvis Ave # B Newark, CA 94560
（510）791-5592

漫漫人參路

　　許氏人參集團和美國太子行是美國兩大西洋參供應商。文章把他們兩家的第一手資訊組合在一起，並接受了兩家的廣告，由讀者自由去在其中挑選適合自己的產品，這是我一次得意又成功的策劃。

　　眾所皆知參的珍貴。但人參的形色、質地與品名非常複雜，不是粗淺地分為高麗參、西洋參、東洋參，或是依形色分成紅參與白參，更不能把黨參、丹參、沙參、玄參等隨便納入「參家族」，事實上，由於產地、性能、製作方式的不同，如果不了解各種人參的主治宜忌和性味功效就隨意亂用，那麼非但不能使人參發揮應有效果，恐怕還會吃出毛病！
　　這期專題，我們集中談談西洋參。

西洋參好在哪裡

　　「西洋參」又稱花旗參，可以說是人類有史以來發現的最完整無比之現代人類全面性預防、保健、理病、治療之安全補品，有所謂「百草之王」的「神草」之稱。
　　人參皂裡的人參二醇Rb1和人參三醇Rg1，是健腦益智效果最佳的

物質，然前者以「鎮定」、後者則以「興奮」分別見長。而西洋參的人參二醇Rb1含量幾乎是人參的兩倍，但人參三醇Rg1的含量則不多。因此，同樣想增強腦功能，體質虛熱、情緒煩躁、緊張，並常失眠者，宜用西洋參；而若是體質偏寒，常常昏昏欲睡者，則宜用人參。

在眾多參中，只有西洋參性涼，所以最適合「熱氣」──也就是夏季時食用，同時亦較適合躁底、年輕、煙酒過多的人。由於西洋參能益氣降火、解酒清熱、提神健脾開胃，因此很適合工作太忙以致於睡眠不足的人使用（長期服用無妨）。

西洋參的家史

人參是五加科（Araliaceae）人參屬（Panax）的植物。約起源於二億五千萬年前的白惡紀中的灌木，但因無法與其他大型植物競爭與環境的變化，進而演化成如今約一至二英尺左右的植物。人參的屬性是瑞典植物學家林奈（C.Linne）於一七三五年所創立的，Panax起源於希臘字全面和藥物，即全面性的藥物、萬靈丹的意思。

最早有關西洋參記載的是《本草綱目拾遺》。而約在於乾隆三十年間（一七六五年），當時全依靠進口。西洋參的發現可謂與中國人息息相關。由於一位曾到過中國的傳教士塔吐斯，於一七一四年在英國皇家學會會報上發表了一篇敘述遠東人參的論文後，引起了歐洲人的興趣。不久，抄文傳到加拿大魁北克的拉菲太神父手中，經研究及搜尋，在一七一六年在北美髮現了這種與人參十分類似的植物即西洋參。據美國農林部的統計，在十九世紀間（一八二一～一八八八），最高年出口額竟達七十五萬磅左右之多。二十世紀以來，由於野山參資源減少，出口額亦銳減至二、三十萬磅左

右。近十多年來由於人工培植興盛，亞洲經濟崛起，故出口額有達四、五十萬磅。

吃參要吃地道的參

　　大多數的藥材均講究其「地道性」，世界上第一部藥典唐‧《新修本草》中提到：「離其本土，則質同而效異」，正好說明瞭中藥材的「地道性」。「地」是指：藥材之生長「土地」，其土地的酸鹼度、土質所含的微量元素及肥沃度等泥土品質而言。「道」是指：藥材生長之自然環境的經緯度與氣候條件，如：日照、濕度、溫度、雨量等等。最簡單的理解，就是同一物種的藥物，在不同產地環境中表現出來的品質差異。而「地道」是指藥用植物在生長髮育的過程中，對當地的氣候、土壤等自然生態環境形成了各自的嚴格選擇，在適宜的環境條件下，其病害少，生長良好，本性能得到較好的繼承，有效成份得到很好的形成。

　　在北美西洋參自然分布於北緯30至48度，東經67至95度，海拔300至500公尺的闊葉林帶中。以威州為例，年溫度約華氏16至71度間，年雨量為30.88英寸，年雪量約42.6英寸，年雪期約162天。年相對濕度為61%。相較之下，在威斯康辛州種植的西洋參，各項要性測試下，其藥性、成份、氣味、療效、口感上均優於其他美國其他州、加拿大參、及國產西洋參，無怪乎目前市場不論真假美國威州產的西洋參，通通都掛上威州花旗參字樣。

　　種植西洋參的土地是一次性的用途，因為西洋參有很高的吸取土地中微量元素和其他營養成分的本領，如果再種多一次，其各種性能會大大減退，甚至消失，所以一定要吃地道有效的西洋參。

如何挑選西洋參

一般而言，新鮮或品質好的西洋參都略帶香氣，不會有受潮的黴味或泥土味。此外，好的西洋參，以條勻、色白、起粉、質硬、體輕、表面細紋橫密集且呈環狀，含口中能生津者為佳，選擇時還須注意質地，建議以「較堅硬」並「較老」者為優選。

新鮮花旗參儲存方法

一、收到新鮮參後，打開塑膠袋，將新鮮參以餐巾紙包圍，密封後放置於冷藏，若餐巾紙潮濕則請更換，以防新鮮參因過多水分而腐爛，冷藏最多為二周，視您冷藏的溫度即開啟冷藏櫃的頻繁度。

二、若在二周內無法使用完畢，可用小塑膠袋分裝成數小包（約二至四根，視新鮮參的大小及每一次使用量的多寡來決定，不用先清洗），置入冷凍櫃中，如此可保存一年左右，可讓您全年享受新鮮參的美味。

西洋參產品的種類

為了符合現代人的生活方式和方便人們在旅遊和其他的要求，西洋參有很多種現成的成品，除了有按枝，按端或按片的包裝，方便收藏及挾帶，還有按照中醫的計量標準的烹調配料組合，另外還有西洋參糖、西洋參茶包、西洋參蜜，甚至有附有西洋參粉的各色茶葉等等。

西洋參的餐飲

西洋參可以創製出很多滋補美味的菜式和甜點：

參蜜雞中翼

效益：此小菜有提神益氣，補氣補血之功效，適合任何年紀人士日常佐膳。

材料：太子牌原枝花旗參茶包4包、急凍雞中翼1斤、薑3片、芫茜少許、蜜糖3湯匙

醃料：鹽1茶匙

調味料：老抽1湯匙

做法：

一、西洋參茶包加一杯沸水泡十五分鐘，去茶包，參水留用。

二、雞中翼解凍，洗淨，瀝乾水分後加入醃料。

三、燒熱鑊下油，放入雞翼煎至兩面微黃，下薑片炒香，倒入花旗參水和調味料，煮至雞翼全熟，汁液收少，加入蜜糖拌勻，上菜前以芫茜綴碟增添色香味。

冰清玉潔花旗麗人

效益：滋陰潤燥，去皺美白

材料：太子牌原枝花旗參5錢、雪耳（又稱銀耳）5錢、雪梨2個、冰糖適量

做法：

一、雪耳浸透，去蒂摘小朵，飛水後過冷河。

二、原枝西洋參用刀拍鬆或拍碎。

三、雪梨去心，切塊。

四、把西洋參、雪梨、雪耳和冰糖同置於燉盅內，注入四杯沸
水，用中火燉半小時，再轉用慢火燉二小時即可，熱食更
滋味。

新鮮參簡易滋補食譜

一、新鮮西洋花旗參大補酒：

滋補養顏，延年益壽，促進血液循環。高粱酒或其他烈酒
一瓶，新鮮花旗參數條，可加其他中藥材，如鹿茸、肉桂等。
浸泡十天，即可直接飲用，或在作好的菜湯內加入數滴花旗參大
補酒，湯味更為鮮美！

二、鮮西洋參燉羊肉（或其他肉類）：

健脾胃、補中益氣，日常上佳補品。新鮮西洋參大號二至
三條，羊肉半斤，馬蹄肉四兩，薑一大片，陳皮一角，紹酒一
湯匙，鹽少許。

三、鮮西洋參燉魚：

降膽固醇，清熱火，四季皆宜的美味食譜。魚一條，新鮮花
旗參大號二至三條，薑四片，鹽少許。

四、新鮮西洋參燉乳鴿：

大乳鴿一隻，火腿一兩，薑一大片，紹酒一湯匙，鹽少
許，鴿味美，火腿味香，加上花旗參，確是相得益彰。

五、新鮮西洋參冬筍湯：

清臟熱，助消化，兒童成人皆宜。冬筍八兩，新鮮西洋參

大號二至三條，鹽少許。

六、新鮮西洋參也可以泡在酒中，可達數年之久，既可品酒、做烹調、且又極富欣賞美學。將新鮮參洗淨，至於室溫中數小時，待表面水分風乾後，以1/4磅配合0.75公升酒精濃度在40%以上的烈酒即可。

食用西洋參禁忌

一、體質虛寒者忌用。

二、感染流感，發燒未退者不宜用。

鳴謝許氏人參集團和美國太子行提供有關資訊圖片和食譜。

尋找美食和美食背後的故事，責無旁貸，無論是集團還是個人……

家訪男人廚房

　　早上，太陽躲在厚厚的雲層後面睡懶覺呢，全副武裝的俺，已經在巴士站，作好了長途跋涉的準備。從俺住的南灣矽谷中心去位於東灣的大學之城派克萊，如果開車交通暢順的情況，也要一個多小時，如果選擇搭乘公共交通，那就必須巴士，輕鐵，火車和地鐵這一條龍的話，加上等待的時間，起碼兩個半小時至三小時，再加上由於人為的錯誤，事後證明，來回總共享了七小時。

　　俺帶了水，書和IPO，供旅途享受，另外包包裡還放著傘和羊毛外套，以防萬一，這次遠征的目的，是為了參觀一個男人的廚房。想著，俺噗哧一聲地笑了出來，怎麼，真的把那男人的廚房當成《米其林指南》裡的三顆星餐廳了，《米其林指南》是這樣劃分評鑑的：一顆星的餐廳表示「值得停車一嘗的好餐廳」；兩顆星的餐廳表示「一流的廚藝，提供極佳的食物和美酒搭配，值得繞道前往」；三顆星的餐廳表示「完美而登峰造極的廚藝，值得專程前往」。

　　仔細回憶一下男人廚房裡所公佈過的那幾道阪斧，紅燒肉、百葉結、醃篤鮮、蠔油牛肉、油爆蝦、醉雞等都難不到俺，俺會煮，唯有那道茄汁牛尾：「大鍋牛尾煮透撇清浮沫，加料酒、生薑、胡蘿蔔、芹菜粒和一個切碎的洋蔥，入平底油鍋爆炒，加大量番茄沙司，少量糖。置炒過的洋蔥番茄醬入湯鍋，轉小火，慢燉四至五個

時辰，常攪動不使粘底。揭蓋之時只見色如紅亮稠濃，喜氣洋洋，骨酥筋軟，配上新鮮脆皮麵包，一家老小大快朵頤。」想到此，俺不禁下意識地用舌頭在唇邊輕輕地滑了一圈。

當地鐵駛出舊金山的市中心的時候，給廚房的主人范遷打了電話，預告可能要到達的時間，他也告訴了接頭的地點：「……我開一輛黑色的車……」因為地鐵進入了海底隧道，手機信號中斷了。俺低頭一看自己的打扮，樂了。因為見的是男性畫家，根據以往的經驗，就本人的年齡和長相，絕對給不了對方驚喜和靈感，可也不能因此破罐子破摔，俺們沒有權力去污染了演出者的眼睛。由於從未見過對方的繪畫色調，所以只能選擇黑色——這永遠的經典色來裝身，但一想到見面的城市以活力聞名全球，所以俺只能在黑色上悄悄地下了功夫，首先棄黑褲而換上有著許多縐摺的短裙，上身內裡一件翠綠色小背心，外套魚網短袖，不失莊重又帶有青春的心境。

彷彿都在預計之中，對方也是一身黑的現身，不過也有意外，他的車並不是想像中的鋪滿塵膩，更是俺喜歡的那款歐洲名牌。接著失望突至，因為他說家裡裝修，冰箱裡空空如也，必須在街上解決就餐，恭敬不如從命，麵包也行，只要不是和洋蔥湯混和才能下嚥的硬麵包，而是「精彩的義大利CIABATTA麵包，聽說是達文西的發明之一，此種麵包表皮也脆，但撕開時不落碎屑，裡面也軟，但鬆軟之外另有一股韌性。此麵包有如優秀女人，嫁給任何男人都能點化他，揚長避短，生出造化來。其可配紅酒或白酒，無論是餐前沾了橄欖油和黑醋，還是夾義大利生火腿和乾酪做三明治，或是切成薄片放片番茄，撒上黑魚子來佐下午茶，還是抹上牛油蒜末放進烤箱，用來配西班牙海鮮飯或烤羊腿都是一流。或者，什麼都不

放，空口吃也是絕色」。

「吃中餐還是西餐」男人廚房的主人的提問打斷了俺的遐想，一看，這不是已經站在了「大學南門的電報街了，那是個餐館聚集區，那裡主要是做學生的生意。價錢上便宜了一大截，不過卻不乏價廉物美的去處，」左邊一家，門口擺放著許多中式點心的大牌，右邊一家，傳出的音樂讓人感到身處於西方的街頭，看了看身邊的男人，沒有一處可以和中式點心掛上勾的，俺果斷地作了決定：西餐。那裡的義大利「香草雞肉麵是一絕，碧綠的香草汁混合著雪白的雞胸肉，半指寬的麵條咬勁十足」，忌士味香濃。就餐伴隨著音樂而展開了談話，俺很快來了感覺，這位眼前的黑衣男人，就和剛入口的義大利麵一樣，heavy，with a lot of flavor。

飯後，終於可以踏入今天遠征的主題：參觀男人廚房。男人廚房位於「詩意的居住」的林蔭道上，身為演出者的主人以為，在柏克萊，「激進的政治取向是它張揚的口號，而綠意盎然的林蔭道則是給自己吟唱的輕歌。」他喜歡「枝葉之下一道疏籬，牆角藤蔓蜿蜒，青磚小道，後園散植幾叢雛菊瘦竹，自有清雅氣象。觸目皆綠，心境當然明朗。早上起來空氣新鮮純淨，傍晚散步看著夕陽透過枝椏，圍牆上一片金黃斑駁。夜半推窗，月光下睡鳥呢喃，霧氣朦朧中，飄來植物清香。」

演出者的家就是建在小山坡上那幢地板有點斜的老房子裡。門口有個傾圮的台階，俺站在上面回頭一看，舊金山的市中心的地標映入眼簾「台階旁一大叢金盞花，彎彎地壓門楣。青藤爬滿的護山牆歪歪的，一些很有年份的裂縫縱橫交錯。小路盡頭，一道半傾的圍牆，蓬門輕掩。」

自從離婚後，黑衣男人帶著兒子和狗在這就兒住了，當年才一

歲的兒子，如今十歲有多了，房子裡每一個角落都紀錄著溫馨的父子情意，演出者有過這麼一段賺人眼淚的敘述：「老房子盡職地庇護著我們一家三口，壁爐裡火光融融，莫札特的大提琴在半暗半明德客廳裡回蕩。小兒子玩累了，和聖誕一塊依偎在地毯上睡著了。我捧著一杯熱茶，聽著窗外淅瀝的雨聲，心中一片寧靜，當初離婚時那一份悵惘一點點淡漠下去，代之而起的是滿心的感謝，感謝老房子帶來的安全感，感謝兒子為我帶來的人生充實，感謝聖誕帶來的樂趣和陪伴，感謝我自己能找到勇氣在生活的道路上走下去。同時感謝我們這個小小的家庭；缺少但不破碎，平凡而充實，簡單卻溫馨。我彎腰從地上抱起兒子，送往床上去。他圓滾滾的胳膊環繞著我的脖項，半睡半醒地呢喃：「爸爸，我好愛你。」

　　走近客廳，討人喜歡的聖誕已經歡快地撲了上來。兒子去了媽媽那兒度週末，而裝修的工人也因為週末停止了施工。客廳分開兩部分，偏的那一間做了書房，大的正間和開放式廚房連接。在偏廳的書桌上，俺看到的一張複印的證件相片，一個純樸可愛小男孩，正掛著滿足的笑容看著我呢！正是為了這燦爛的笑容，當爸爸的收斂了周遊列國的不羈的浪子情懷，放棄了十幾年的愛好——擁有意氣風發的感覺，兒子成年之前，他絕對不會再「牽出鐵馬，緊身的皮夾克配上柔軟的麞皮靴，頭盔護膝手套一應俱全，引擎一聲怒吼，油門一擰，摩托車像箭一樣離弦而去。」因為，生命已不是屬於他個人。

　　演出者在男人的廚房裡忙著，濃郁的咖啡香味彌漫著整個廳房。此時的俺，應該是在那個廚房裡轉悠，尋找下筆素材的俺，卻在壁爐前的那張張畫作前，駐足不動，被震撼了！非常普通的小巷一景，日復一日：陰暗的水泥地，斑斑駁駁，圍牆上茂盛的枝葉在

陽光下蓬蓬勃勃，生氣滿溢；那張張橡樹林畫面，幾乎每一張都是「枝幹如虬，夕陽從縫隙裡穿進來」，橡樹林頑強地吸吮著金色的餘輝……俺有一點眼濕，明白了為什麼強烈的對比充滿著每一張他的作品，如同「我們站在畢卡索的〈格爾尼卡〉之前，震撼、驚悸、迷茫，不安的感覺撲面而來，人類社會的殘酷、不公平、非理性使我們憤怒、思索、警惕。但日常日子還要過下去的，這個世界還是值得留戀的，於是我們轉向莫內，他和我們一樣有喜怒哀樂，一樣要養家活口，一樣面對生老病死，他的選擇是回過頭去，向著陽光的一面，安安定定地坐下，滿心喜悅地瞇起眼睛來，把顏料擠在調色板上之後，心無旁騖地描繪這個燦爛的世界，正因為知道光陰荏苒，所以跟老天爺搶時間，筆走龍蛇，光影斑斕，色彩流淌。天光的微妙變化、氛圍的渲染、空氣的抖動、顏色的層次，都一一在筆下呈現。一張畫布鋪滿了，日正西斜，光移影動，何不重起一張？人類需要畢卡索這樣的重金屬類型的畫家，也許，人類更需要像莫內這樣的自然之子」。

那經歷的堆積，生活的沉澱，如同那斑駁的水泥硬地，心中的理念，藝術的追求，就如同枝幹如虬的橡樹，永遠不停止攀升，需要的只是一片充滿陽光的白雲藍天！俺濕潤了眼睛，因為感受了「為男人不易，為眾目睽睽之下的男人不易，為夾縫中還要維持自尊的男人更不易」。在演出者的書房，正對著的大窗戶，「望細細一線的金門橋，海灣裡兩塊狗屎形狀大的是天使島，小的是惡魔島。」我們喝著咖啡，談藝術、談寫作、談人生，呵，在那個很藝術的午後，俺，家訪范遷。

雖然「尼采說：悲劇是生命的最高表現形式，也是美的最高表現形式」；雖然人生的「前面是高聳入雲的層層山巒」，可依然

有「一個與摯友談心的下午，一段與家人相聚時的背景音樂，與稚齡兒女在草地上的片刻嬉戲，會在腦中盤恒不去。或者在久病初愈之後重新拾起清明恬靜的心境，或者一段戀情逝去之後獨自在雨中疏林裡散步，或者在秋夜冷月下赤足站在海邊，由冰涼的浪頭爬上你的腳背。或者在失眠秉燭夜讀之際驚見旭日東昇」的情景不斷出現。俺心目中的范遷，眾人心目中才氣滿懷的范遷，他的成功之作，應該是「一大條地中海麵包，一杯咖啡，翹起腳坐在遮陽傘下，聽著隔壁披薩店的爵士樂，人生如同談戀愛般地滿足」，因為人生真的是如此簡單。

黑色的歐洲名牌車在布滿商店的大學城的街上馳騁：「服裝店、沐浴用品店、畫廊、水晶飾品店、美容兼修指甲鋪子、律師辦公室，更多的是酒吧和餐館、烤肉店、墨西哥飯館、兼賣三明治的乳酪店，那家義大利餐館就開在轉角上」車內依舊放著流暢悅耳的音樂，俺努力地去辨認那輕盈的女聲唱得是義大利還是法文，令人惱怒的是這兩種文字，俺都不熟悉。開車的黑衣男人，回答了俺的疑惑「那是南美音樂」，接著在這很藝術的，有著很歐化氛圍的大街上，在歐洲名牌的舒適轎車裡，他說了一句非常中國的，非常株連九族的話：「等你把借走的兩本書還了，我再把音樂借給你，張慈借了好多我的書，從來沒有還回來！」

嘿！范遷，俺要鄭重地告訴你，你這個人……，有點拽！

七小姐的廚房

　　有很多形容詞描寫女人的魅力，什麼「婉約的媚眼風情、優雅的成熟韻味、內斂的緋色遐思」等等，不過總還是覺得陳香梅女士對我說的有關女人的魅力的話語更為確切實在：當一個女人年老的時候，還有人登門拜訪談心，那個女人的魅力肯定無法擋！這次我們編輯部出動三人，從南灣到東灣，遠途跋涉，為的就是去聽一位素不相識的、88歲高齡的江孫芸女士說自己的故事，為我們開車的是一位也是第一次見面的年輕人，江太太的一位朋友。他為了我們能順利的進行採訪，扔下自己的生意，全程陪伴長達六個小時，這就是江太太魅力的力量！聽聽她的故事，當年江太太是以什麼樣的魄力來教育美國人認識中華美食，現在雖然江太太退休了，但她對中國飲食業在美國的發展的影響力依然存在，她就是灣區主流餐飲業至今不能忘懷的「有功之臣」，人稱孫家七小姐江孫芸女士，談談她傳奇的一生及最近出版的英文自傳暢銷書Seventh Daughter：My Culinary Journey from Beijing to San Francisco（孫家七小姐：從北京到舊金山，我的烹飪之旅），紐約時報評選為二○○七年度最佳食譜之一。

　　書中描述了江孫芸不尋常的家世，以及她如何在一九五八至一九九一以異常的魄力和革新的姿態，投資百萬元，在舊金山創立了了福祿壽餐廳（The Mandarin）打入美國主流社會，推翻在美傳統

中餐業的經營方式，當年的Herb Caen、金凱利、帕華洛帝、雷根總統、斯義桂等名流，皆是座上客。這位灣區主流餐飲業至今不能忘懷的「有功之臣。她的「教育美國人認識中華美食」意念至今被人津津樂道。她的那家在一九六一年成立的「中國餐館」，可以說是舊金山餐飲業有歷史象徵意義的烹調會所。當時，舊金山最有名的餐館，除了Doro屬義大利餐館外，其他如：Blue Fox、Alexis、Camellia及Trader Vic-s，都是法國餐館。沒有一家中國餐館上名餐館名單。可是江太太只烹調正宗的中國食物，在她的功能表上，找不到「甜酸肉」之類其他中國餐館不可少的菜，廚房出品的食物用最好的餐具呈現，她甚至用精緻的銀器餐具招待客人她的餐廳裝修豪華雅致，別出心裁地把父親的貂皮大衣掛在當眼處，穿著漂漂亮亮招待員，訓練有數地招呼著客人。

其實早在一九七九年，江孫芸已出版了一本烹調專箸「中餐法」，也是她的事業開始走上了繁盛的時代，上電視，開烹調講座班，為國際性飲食雜誌，報紙供稿，直到一九九一年退休，她都還在為灣區最有影響力的餐館Betelnut和Shanghai 一九三〇做顧問。二〇〇四年，她被選為柏克萊加州大學Bancroft Library——加州傑出酒類與餐飲口述歷史光碟製作計畫的口述計畫訪問者，十五位口述計畫訪問者中她是唯一獲選的的華裔烹飪專家……中文報紙、舊金山紀事報、紐約時報皆有大幅報導她故事及新書。此書已被提名〇八年的James Beard Books大獎。

我們有幸去江太太在Sausalito的家拜訪，她那有美麗海景的居所非常舒適雅致，她在自己的的開放廚房裡給我們端來了美味的雞湯，就是同一個廚房，她烹製的生菜雞鬆，至今是全美餐廳最受歡迎的菜肴之一。喝著濃郁清鮮的雞湯，聽著她講述椿椿往事，她那

充滿精彩的人生，歷歷在目。如今的江孫芸，依然優雅、樂觀、充滿活力，還可以自己開車，獨自去世界各地旅行，88歲，派對不斷，每天行程滿滿，受邀在圖書館、各機構，及英特爾、思科等科技公司演講，她非常風趣，娓娓道來，聽者欲罷不能，「我活得值呀！」她對我們說。

七小姐江孫芸，無悔今生！
只有注入了人性，添加了友情的美味佳餚，才是有滋有味的，才能回味無窮

▍ 江太太坐鎮自己廚房，一臉的滿足

▍ 當年江太太依水傍山的家

飯聚嚴歌苓

家訪范遷的後差不多過了一年，終於踏進了「男人廚房」的領地，還要多謝嚴歌苓，她跟著外交官的夫婿調防，從台灣去德國之際，來柏克萊自己的家小住，范遷招待老友，我跟著沾光，那天飯聚的還有著名作家喻麗清夫婦和陳寶林的太太爾雅。

小家碧玉遭遇大家閨秀

以我赴飯局的經驗，帶一、兩碟自己的拿手菜有時比帶禮物更會受到主人家的歡迎，我決定把最近學會製作的麻辣涼粉帶去，說是涼粉，其實和我們上海人喜歡吃的麻糊差不多。綠豆粉和調料都是買現成，而我要做的，只是燒開水，把粉調製成糊狀等待冷卻切塊，再撒上小包調料而已，一道美食基本形成。

另外帶一個有上海特色的糟豬耳朵，糟鹵菜是上海人夏天的摯愛，把各類食才放在糟鹵，一種由酒糟是用米麥高粱的，經微生物發酵後提煉而成的。帶酒味的汁水浸泡幾小時甚至是過夜，吃時清鹹又鮮美，外加酒香四溢，聞到就開胃，上海人統稱為糟貨，夏天走在上海的街頭，如果留意，會發現多酒家餐廳和熟食店都有一個臨街的櫃檯，……裡面站著的服務員白帽、白口罩和白衣全副武裝，門窗緊閉，抬頭都貼著兩個大字：糟貨，有糟雞、糟鴨、糟

肉、糟肚、糟鴨爪、糟豬舌、糟毛豆等多種供應。上海人在夏天吃糟貨有科學的道理。醫學家王士雄和李時珍都在各自的醫學著作中都記載了，糟鹵有營養，能醒脾消食，調臟腑除冷氣，解魚腥和冷物生毒的作用。

對於帶麻辣涼粉，健康食品，我是信心十足，再說一辣遮三醜，但糟豬耳朵，我有猶豫過，雖然和前者一樣，調料都是現成的，但是畢竟不屬於綠色食品。不過後一想，這味菜，主要是給男主人一點認同的共鳴，因為在范遷洋洋灑灑的寫過的美食回憶名單上，還只有這一道食材，在我心底激起了漣漪。

至今還記的那畫面，小時候，在我們家三樓平頂上，每逢冬天，就會出現一個碩大的水缸，不是用來盛水，而是利用冬天，這季節的天然冷庫，醃製鹹豬頭肉。整隻的豬頭用炒製過的黑椒和粗鹽搓擦後，放入缸中，然後放上沉重的大石塊，在蓋上蓋子。那是還小，不記得要醃多久才能吃，只是記得當廚師打開蓋子的那剎那間，心中的好奇，期待和興奮被提升到最高點，可愛的豬頭會變成怎樣？嘿，豬耳朵變深色，還耷拉了下來。廚師總會先拿豬耳朵開刀，而每次到這接骨眼上我們總是一溜煙地逃到了樓下房間。過不多久，從底層廚房傳上來的香味，頓時感到了饑腸轆轆，做什麼都心不在焉，等著開飯。

到了范遷的家才知道自己的擔心多餘的，因為嚴歌苓竟然燒了紅燒蹄膀，這糟豬耳朵和紅燒蹄膀一比，好像小家碧玉遇到了大家閨秀，小巫見大巫。

男人廚房大家勞動才有吃

依主人的吩咐，我先到麗清姐的家裡和其他客人會合，再一起拼車前往飯局。

過了原定的出發時間，麗清姐的先生唐老師還在廚房裡忙活著，原來，范遷指定的麵團還沒有發好，沒有麵團，范遷的生煎饅頭就不可能生產，那我們晚上就沒有主食，所以只有耐心等待。終於麵團發好了，細心的唐老師還帶上了乾麵粉，這時，我發現前來集合的爾雅姐手上，竟然提著一個平底鍋，天哪，原來范遷用來生產生煎包的工具都沒有！不管那麼多，只要晚上有的吃就好。麗清姐好像看穿了我的心思，用一慣的斯文，輕輕地，慢條斯理地說：「等一下還要包呢，不包，那來的東西下鍋。」

一進男人廚房，在柔和的黃昏光線下，一個瘦佻的身影在灶台前忙活著呢，一個輕盈的轉身，呵，清秀的臉龐，挺拔的身軀，上身一件底領的黑色T恤，配一襲銀灰色，左右有兩個大口袋的長裙，好一個雅致的女人，她就是嚴歌苓。除了和我是初次見面，歌苓和其他人都很熟，可是她的女兒研研，大家都還第一次見到。研研長的像媽媽樣美麗，也是那般的靈巧，這時，她正和小哥哥，范遷的兒子玩著電腦。可能大家和我一樣惦記著晚上的飯局是否有著落，所以三言兩語的招呼完了之後，各就各位，由著范遷安排工作崗位，擀麵的，安排檯面的，拌餡的，我則被分配去了三線，洗蔥切蔥，而嚴歌苓繼續烘烤她的大蘑菇。這時，我恍然大悟，為什麼范遷不為他那篇美食文章取名「男人餐廳」，或直截了當的「男人美食」，而一定要說「男人廚房」呢？是否就是暗指要吃他的東西

要靠勞動來換取？范遷考量了今天的碟數，有湯，自己做的的雞湯，有我帶去的冷盤，嚴歌苓的烤蘑菇，還有她精製大菜紅燒蹄膀，主人果斷地決定，再加一個熱炒——大蒜炒紅米莧。我自告奮勇地要求洗菜，因為對麵食我是一竅不通，只會吃。妍妍早被吸引加入了包的行列，唐老師一個人擀麵，怎麼可能跟得上四個人包的速度。歌苓加入了援手，原來，她對麵食製作很有一手。擀皮包餡都難不倒她，連最後的剩餘物質，多餘的麵團和蔥花也被她三下五除二地變成了一個個花卷。

不知是人多力量大，還是大家邊聊邊做，不覺得等了很久，客廳裡的長桌上，美食已經就緒，紅酒也靜靜地在等待大家的品味，連飯後的水果，爾雅姐也已經準備妥當。這邊廚房裡香氣四溢，傳來了「生煎饅頭開鍋啦」興奮地叫聲，我提著觀景窗就沖了過去，經典的歷史時刻不能錯過。鍋蓋一打開，一個個胖呼呼白雪雪的生煎寶寶擺著令人流口水的姿態，尤其是個個頭上那翠綠欲滴的蔥花，我的製作，太招人愛了。

民以食為天，我還未從讚歎中回過神來，生煎寶寶已經在某人的口中消失了。大家快樂地享受著勞動的成果，范遷有意地問我，覺得生煎饅頭味道怎樣，當然我不會放過「踩」他的機會，故作姿態地說：「還不錯，皮有點厚，餡有點鹹。」唐老師發現了什麼說「餡鹹皮厚，你還吃那麼多？」兩位身材苗條的女士專注健康有益的蘑菇，向歌苓詢問製作的工序，而我則向紅燒蹄膀（也可以叫作紅燒肘子）發動全面進攻，大快朵頤。這道歌苓牌的「大家閨秀」紅燒蹄膀，色鮮味濃，明油亮芡，肥而不膩，爛而不化，和她小說中的人物一樣，塑造到家，沒有一定的廚藝經驗是燒不出來的。果然歌苓的回答證實了我的想法，她喜歡下廚，平時，除了寫作就是烹飪了。

飯爸爸和菜老師

這時電話響了，遠在夏威夷的寶林兄知道我們今晚的聚會，特意來電話問候遠道而來的歌苓。寶林兄和爾雅姐是恩愛夫妻，爾雅姐是出了名的美麗能幹的女人，我一直思忖著他們暫時的分開，是否和寶林兄從唐老師哪兒領悟了「讓賢」的崇高精神所至。這有個小典故，據說有次有媒體訪問唐老師，問他作為名作家身後男人的體會，他落落大方的回答到；「那是我讓賢」。而自從寶林兄去了夏威夷教大學後，以前一直忙於生意，操持家務，相夫教子的爾雅姐，居然美文頻上報刊雜誌。也在這時，去華盛頓述職的歌苓的老公打來的，從倆人的通話中得知，原來身為外交官的丈夫，百忙之中還為她和出版社之間檔照片的傳遞出力呢，想起我自己的中文事業，也虧了洋夫幫手打造，不僅使我深思起女作家背後男人的角色把握如何意義深遠的問題。

話題轉到了歌苓老公身上，他們的美滿婚姻當年差一點被FBI毀掉，這位對太太一往情深的美國外交官，他流利的八國語言不僅幫了自己的事業，也給社交增添了情趣，聽歌苓說，他在台灣，在街上不說英語完全沒有問題，這次調防去德國，他不僅通過了有關的語言考試，而且德國人說，聽他說德文，根本想不到他的母語是英語。這是范遷告訴我說，他第一次見到嚴歌苓的老公，對方居然用上海話對他說：「你的褲子快要掉下來了。」我說，「哇，你聽到後不是要昏（上海人對受驚過度的誇張說法）過去了嗎？」范遷點點頭：「差一點」。一個人說二門多的是，八門語言，簡直是不能想像。

和每一個熱愛家庭的女人一樣，嚴歌苓說說老公又說說女兒，女兒很乖，像小鹿那樣的依順，去商店，可以聽大人的話，可以隨時放下手中正在把玩的玩具，在家也是，讓她做什麼就做什麼，她雖然說的都是家庭瑣事，但也卻能娓娓動聽，引起大家的注意，難道這就是她被公認的說故事的能力？

談起了歌苓寫作，麗清姐直言自己喜歡看《第九個寡婦》，歌苓不諱言很多人還喜歡那書中所用的語言，她曾公開說過其實《第九個寡婦》沒有太多超現實手法，白描多，到非洲寫了兩個多月就完成，卻是她作品裡最暢銷的。聽她說起，《小姨多鶴》已經改變成了電視劇了，她說，這是從同學口中聽來的故事創作而成，一個作家，要有超現實的本領，這是歌苓一直提倡的，她認為曹雪芹有很多地方是魔幻的，光靠白描只能跟金瓶梅同流的作家。曹雪芹卻高了好幾等的作家，一部小說如何又魔幻又進入現實？首先想好形式，決定要用什麼手段、風格、語言，都是預先想好的。歌苓不僅有非凡的寫作才華，她也很努力，最多每天可以寫一萬多字，她的每部小說都用前人或自己沒用過的形式，形式美是小說很重要的一部分。父親是作家，爺爺是有美國博士學位文學學者，外婆雖然不識字，但有很多民間故事，看來歌苓的基因註定讓她吃上了文學這碗飯，而因自己的努力，得到了豐富的盛宴。

說著話，我們發現孩子們都跑去看電視，歌苓不想妍妍看不明就裡的節目，讓她關了電視，回到餐桌，女兒乖巧地過來，並滔滔不絕地向我說起剛才電視中的故事，我們都不禁失笑，原來剛才她看得，是西班牙文的，看來小女孩和媽媽一樣有豐富的想像力和講故事的能力。大家問她，在家裡最怕誰，怕不怕爸爸，怕不怕媽媽，她朝媽媽看了一眼，頑皮地說：「怕怕，非常怕。」一邊帶點

狡猾地嘻嘻哈哈的笑著。我慫恿范遷：「趕快把妍妍收作兒媳婦吧。」范遷說：「她早就是我的乾女兒了。」「乾女兒還是會嫁人的嘛。」只是和她玩了一會，我已經喜歡上這美麗的小精靈了。

　　飯後，大家圍在電腦旁看歌芩儲存在網上的資料，是她的新作？不是，大家都不可能想到，歌芩最近頻頻被一些主流名雜誌找去拍硬照，我們看的就是在專業攝影鏡頭下的她的不同的人物中西扮相，風韻獨特，氣質非凡，我不禁失聲說到：「歌芩，你不做演員真是可惜了。」

　　已經很晚了，大家戀戀不捨地話別。妍妍和為她穿上小外套的媽媽嘀嘀咕咕地說著什麼，歌芩叫住了我，原來妍妍告訴媽媽，說我很像在台灣的蔡老師，那是妍妍最喜歡的老師。我趕緊熱烈擁抱了可愛的妍妍：「那我就做你在舊金山的蔡老師？」妍妍欣喜的忙點頭。范遷開車送我們回家，歌芩和女兒坐在後座的，她開玩笑地說：「妍妍在舊金山有你們，一個飯爸爸，一個菜老師，還有什麼可擔心的呢？」我們都被她的打趣樂的哈哈大笑起來，妍妍畢竟還小，有點不明白：「真不知道你們在笑啥。」我後悔地說，沒能和妍妍合影，歌芩說女兒不喜歡拍照，我轉向妍妍：「能讓我給你拍張照留作紀念嗎？」妍妍一本正經地問我：「什麼叫留作紀念？」「就是我想你的時候可以拿出你的照片來看看。」妍妍歡快地一口答應，坐在前座的我不容遲疑，從包裡卡嚓，快門一閃，留住了妍妍燦爛的笑容，那黑夜中閃亮的花朵，會永遠植入我的記憶之中。

編者的話

　　似乎今年的夏天還沒怎麼過，就聞到烘培客的「酥皮月餅」香了。

　　月餅是中秋節的傳統食品，圓圓的月餅象徵團圓，反映了人們對家人團聚的美好願望。中秋節吃月餅據說始於元代，當時，朱元璋領導漢族人民反抗元朝暴政，約定在八月十五日這一天起義，以互贈月餅的辦法把字條夾在月餅中傳遞消息，中秋節吃月餅的習俗就是這樣在民間傳開來的。《帝京景物略》有記載：「八月十五祭月，其餅必圓，分瓜必牙錯，瓣刻如蓮花。」月餅傳至今日，皮色內涵品種多的數不過來，但百變不離圓形的外觀，即便流傳到海外，傳統的外形也被奉為至尊，有一則英文26字母過中秋的故事流傳甚廣，說的是字母也聚在了一起過中秋節，它們開始爭論誰長得像月餅。O說：我長得最像月餅。C說：我也是月餅，只是被人咬了一口。D說：我也是月餅，只是被人切了一刀。Q說：我也是月餅，嗯……只是露了點兒餡。

　　我們所居住的灣區真是個福地，不僅氣候宜人，而且家鄉美味垂手可得。今年市場上的月餅彙集了兩岸多地的特色名牌，零零總總，令人眼花撩亂。想表現一下廚藝，食才也應有盡有，除了月

餅，大家完全可以在吟誦完李白《靜夜思》的詩句：「床前明月光，疑是地上霜。舉頭望明月，低頭思故鄉」之後來一碗DIY的炸醬麵（「炸醬麵的思鄉情結」），靜思「醬、麵、菜」樸素裏呈現著巧奪天工的妙思，隆重中又不乏簡潔明瞭的三合一境界，品味其中蘊含的中國儒、道「和」的思想——「天地之美，莫大於和」。「國粹」捧在手，定解相思愁，美味的力量是無窮的。

美味不僅在平常生活中為我們點綴著生活的雅興，在旅行途中，美味就是一台模糊又具體的GPS導航機，指引人走向角角落落（「檀香山食情志」），或不經意地走進了遠離人間的世外桃源，忘卻了旅途受盡的委屈也皆因美味（「美西山區小鎮的百年老餐館」），正所謂「指動嘗羹供上客，香飄饌膳款嘉賓」。

如果走不遠，又嫌小家不夠熱鬧，可以隨著典樂的腳步，呼朋喚友去「聖塔克魯茲山區品酒」，應景「明月幾時有，把酒問青天」，激發更多的情思：「五花馬，千金裘，呼兒將出換美酒，與爾同銷萬古愁」，齊舉杯，祝家鄉，道一聲：天上地下人間所有中國人，中秋節快樂！

《品》2010年9月期

後記

從編完了這本美食隨筆集到可以出版，甜酸苦辣，歷程百味。歷史行進在不斷地變換中，這裡牽涉的人，有的過世，有的成就更大，有的從做官變為階下囚。採訪過的餐廳，有的換代，有的完成歷史使命，也有的成了全球的連鎖店。我儘量保持作品的原始完整性，這樣讀者可以準確真實地瞭解那個時代海外媒體的面貌，一個生活在美國加州的華裔女人的開門七件事。

　　生活不只是一代又一代的周而復始，如同羅丹所說：「生活中不缺少美，缺少的是發現美的眼睛。」請跟著我從關注健康美味開始，循著人文脈搏，去發現更多、更廣泛的加州食情樂趣。

語言文學類　PE0137　北美華文作家系列27

加州品味
——洋家媳婦美食總編的食尚記事

作　　者 / 聶崇彬
責任編輯 / 鄭夏華
圖文排版 / 莊皓云
封面設計 / 王嵩賀

發 行 人 / 宋政坤
法律顧問 / 毛國樑　律師
出版發行 / 秀威資訊科技股份有限公司
　　　　　114台北市內湖區瑞光路76巷65號1樓
　　　　　電話：+886-2-2796-3638　傳真：+886-2-2796-1377
　　　　　http://www.showwe.com.tw
劃撥帳號 / 19563868　戶名：秀威資訊科技股份有限公司
　　　　　讀者服務信箱：service@showwe.com.tw
展售門市 / 國家書店（松江門市）
　　　　　104台北市中山區松江路209號1樓
　　　　　電話：+886-2-2518-0207　傳真：+886-2-2518-0778
網路訂購 / 秀威網路書店：https://store.showwe.tw
　　　　　國家網路書店：https://www.govbooks.com.tw

2019年1月　BOD一版
定價：420元
版權所有　翻印必究
本書如有缺頁、破損或裝訂錯誤，請寄回更換

國家圖書館出版品預行編目

加州品味：洋家媳婦美食總編的食尚記事 / 聶崇
　彬著. -- 初版. -- 臺北市：秀威資訊科技，
　2019.1
　　　面；　公分. -- (語言文學類 ; PE0137)(北
美華文作家系列 ; 27)
　　BOD版
　　ISBN 978-986-326-646-4(平裝)

　1. 飲食風俗　2. 美國

538.7852　　　　　　　　　　107021283

讀 者 回 函 卡

感謝您購買本書，為提升服務品質，請填妥以下資料，將讀者回函卡直接寄回或傳真本公司，收到您的寶貴意見後，我們會收藏記錄及檢討，謝謝！如您需要了解本公司最新出版書目、購書優惠或企劃活動，歡迎您上網查詢或下載相關資料：http:// www.showwe.com.tw

您購買的書名：_____

出生日期：_____年_____月_____日

學歷：□高中 (含) 以下　　□大專　　□研究所 (含) 以上

職業：□製造業　□金融業　□資訊業　□軍警　□傳播業　□自由業
　　　□服務業　□公務員　□教職　　□學生　□家管　　□其它____

購書地點：□網路書店　□實體書店　□書展　□郵購　□贈閱　□其他

您從何得知本書的消息？

　　□網路書店　□實體書店　□網路搜尋　□電子報　□書訊　□雜誌
　　□傳播媒體　□親友推薦　□網站推薦　□部落格　□其他_____

您對本書的評價：(請填代號　1.非常滿意　2.滿意　3.尚可　4.再改進)

　　封面設計____　版面編排____　內容____　文／譯筆____　價格____

讀完書後您覺得：

　　□很有收穫　□有收穫　□收穫不多　□沒收穫

對我們的建議：_____

_____

_____

_____

11466
台北市內湖區瑞光路 76 巷 65 號 1 樓

秀威資訊科技股份有限公司 收
BOD 數位出版事業部

....

（請沿線對折寄回，謝謝！）

姓　　名：＿＿＿＿＿＿＿＿＿＿　年齡：＿＿＿＿＿　性別：□女　□男

郵遞區號：□□□□□

地　　址：＿＿＿＿＿＿＿＿＿＿＿＿＿＿＿＿＿＿＿＿＿＿＿＿＿＿

聯絡電話：(日) ＿＿＿＿＿＿＿＿＿＿＿＿　(夜) ＿＿＿＿＿＿＿＿＿＿＿

E-mail：＿＿＿＿＿＿＿＿＿＿＿＿＿＿＿＿＿＿＿＿＿＿＿＿＿＿＿